跨境电子商务创新发展研究

朱林婷 著

中国商务出版社
·北京·

图书在版编目（CIP）数据

跨境电子商务创新发展研究 / 朱林婷著． — 北京：中国商务出版社，2023.6

ISBN 978-7-5103-4748-1

Ⅰ．①跨… Ⅱ．①朱… Ⅲ．①电子商务－产业发展－研究－中国 Ⅳ．①F724.6

中国国家版本馆CIP数据核字(2023)第113766号

跨境电子商务创新发展研究
KUAJING DIANZI SHANGWU CHUANGXIN FAZHAN YANJIU

朱林婷　著

出　　版：	中国商务出版社		
地　　址：	北京市东城区安外东后巷28号	邮　编：	100710
责任部门：	发展事业部（010-64218072）		
责任编辑：	孟宪鑫		
直销客服：	010-64515210		
总 发 行：	中国商务出版社发行部（010-64208388　64515150）		
网购零售：	中国商务出版社淘宝店（010-64286917）		
网　　址：	http://www.cctpress.com		
网　　店：	https://shop595663922.taobao.com		
邮　　箱：	295402859@qq.com		
排　　版：	北京宏进时代出版策划有限公司		
印　　刷：	廊坊市广阳区九洲印刷厂		
开　　本：	710毫米×1000毫米　1/16		
印　　张：	14	字　数：	170千字
版　　次：	2023年6月第1版	印　次：	2023年6月第1次印刷
书　　号：	ISBN 978-7-5103-4748-1		
定　　价：	79.00元		

凡所购本版图书如有印装质量问题，请与本社印制部联系（电话：010-64248236）

版权所有　　盗版必究（盗版侵权举报请与本社总编室联系：010-69212247）

前　言

跨境电子商务创新发展是当前全球经济中备受关注的热门话题之一。随着信息技术和互联网的快速发展，跨境电子商务已成为推动国际贸易发展的重要驱动力，并为企业带来了全新的商机和发展空间。本书旨在探讨跨境电子商务创新的发展趋势、影响因素以及创新策略，以期为相关领域的决策者和从业者提供有益的指导与参考。

首先，本书将对跨境电子商务创新的定义进行梳理和界定。随着全球数字化进程不断加速，跨境电子商务已经涵盖了多个领域和行业，其中包括国际贸易、物流、支付结算、市场营销等方面。为了更好地理解和研究跨境电子商务创新，我们需要明确其内涵和范畴，明确其范围和目标，以便深入探索其发展规律和动力。

其次，本书将重点关注跨境电子商务创新的发展趋势和影响因素。随着全球市场的不断扩大和消费者需求的多样化，企业必须不断适应和创新，以保持竞争优势。因此，本书将分析全球跨境电子商务市场的发展趋势，探讨影响跨境电子商务创新的内外部因素，如技术进步、政策环境、市场需求等，以期为企业提供指导和借鉴。

最后，本书将提出跨境电子商务创新的策略与建议。不同企业在跨境电子商务创新中面临着各自的挑战和机遇，因此，针对不同企业的特点和定位，本书将探讨有效的创新策略和行动计划，为企业提供实现可持续发展的路径和方法。

综上所述，本书旨在系统地探讨跨境电子商务创新的发展问题，为相关决策者和从业者提供有益的启示与建议。相信通过本书的深入研究和分析，能够推动跨境电子商务创新的健康发展，为企业持续创造价值和促进经济繁荣做出贡献。

目 录

第一章 跨境电子商务的概念和背景 ... 1
- 第一节 跨境电子商务概述 ... 1
- 第二节 跨境电子商务的相关理论 ... 21
- 第三节 跨境电商在新时代的积极探索 ... 36

第二章 跨境电商的商业模式创新 ... 47
- 第一节 国内跨境电商的主要运营模式 ... 47
- 第二节 独立 B2C 跨境电商的盈利模式探索 ... 66
- 第三节 跨境电商发展模式存在的问题及对策 ... 84

第三章 跨境电商保税仓物流新发展 ... 96
- 第一节 跨境电商保税仓物流服务发展现状 ... 96
- 第二节 跨境电商保税仓物流服务存在的问题 ... 105
- 第三节 跨境电商保税仓物流服务提升 ... 112
- 第四节 保税仓物流与快递的联动发展 ... 136

第四章 大数据技术对跨境电商的推进 ... 145
- 第一节 大数据的商业价值和商业模式变革 ... 145
- 第二节 大数据背景下跨境电商的新发展 ... 149
- 第三节 大数据下跨境电商发展及面临难题分析 ... 160
- 第四节 发展基于大数据的物流配送模式 ... 165

第五章 跨境电商发展的信息服务创新 ... 176
- 第一节 跨境电商交易信息检索服务 ... 177
- 第二节 跨境电商交易信息咨询服务 ... 188
- 第三节 跨境电商交易信息中介服务 ... 194
- 第四节 跨境电商交易信息内容集成服务 ... 202

参考文献 ... 214

第一章 跨境电子商务的概念和背景

第一节 跨境电子商务概述

一、跨境电子商务的定义

(一)概念

跨境电商是指分属不同关境的交易主体，通过电子商务平台达成交易、进行支付结算，并通过跨国物流送达商品、完成交易的一种国际商业活动。跨境电子有广义和狭义之分。

从广义上看，跨境电商基本等同于外贸电商，是指分属不同关境的交易主体，通过电子商务的手段将传统进出口贸易中的展示、洽谈和成交环节电子化，并通过跨国物流送达商品、完成交易的一种国际商业活动。从更广意义上看，跨境电商指电子商务在进出口贸易中的应用，是传统国际贸易商务流程的电子化、数字化和网络化。它涉及许多方面的活动，包括货物的电子贸易、在线数据传递、电子资金划拨、电子货运单证等内容。

从狭义上看，跨境电商实际上基本等同于跨国零售。跨国零售指的是分属于不同关境的交易主体，借助计算机网络达成交易、进行支付结算，并采用快件、小包等行邮的方式通过跨国物流将商品送达消费者手中的交易过程。跨境电商在国际上流行的说法叫 Cross-Border Electronic Commerce，其实指的都是跨国零售。

跨境电商作为推动经济一体化、贸易全球化的技术基础，具有非常重要的战略意义。跨境电商不仅冲破了国家间的障碍，使国际贸易走向无国界贸易，同时它正在引起世界经济贸易方式的巨大变革。对企业来说，跨境电商构建的开放、多维、立体的多边经贸合作模式，极大地拓宽了企业进入国际市场的路径，大大促进了多边资源的优化配置与企业间的互利共赢；对消费者来说，跨境电商使他们非常容易地获取其他国家的信息并购买到物美价廉的商品。

（二）中国跨境电商发展的四个阶段

中国跨境电商的发展时间不过 20 余年。从 1986 年中国开始建设互联网，至 1993 年国务院提出"金关工程"计划，由此我国跨境电商开始进入发展的萌芽期。在此期间，我国先后搭建起的中国电子口岸、对外贸易经济合作部网站、中国国际电子商务中心等一批网站，为跨境电商发展奠定了坚实基础。

1. 第一阶段：春风拂面

从 1994 年中国正式接入国际互联网，到 20 世纪初，一批企业逐渐在互联网上搭建企业门户，网络黄页逐渐代替传统纸质黄页，尤其如阿里巴巴、慧聪网等跨境电商 B2B 信息平台开始崭露头角，标志着中国跨境电商步入发展正轨,而网络黄页的模式也被喻为跨境电商的第一阶段。在这一阶段,平台服务商大多为中小外贸企业提供对外营销的窗口,尚且不具备在线交易的功能。

2. 第二阶段:向阳而生

2010 年,我国跨境电子商务进入第三阶段。从跨境电子商务企业的行动来看,各跨境电商平台始终在不断扩大产业链范围,专注于建立全面的综合服务平台。例如,阿里巴巴在这一时期宣布收购深圳一达通,形成了从"寻找外贸合作伙伴"到"拓展外贸业务"的"一站式"服务链条。在 2013 年,跨境贸易电子商务配套服务企业跨境通成立,主要提供融资、运输、保险、仓储等一体化全方位的外贸服务。

4. 第四阶段:日新月异

自 2014 年起,中国电商辅助进入第四阶段,亦称"电子海外购时代"。随着天猫、京东、网易考拉和唯品会等不同类型的国际购物平台的蓬勃发展,电子跨境商务业开始进入迅猛成长期,竞争方式也变得多样化。消费者对国际购物的需求越来越旺盛,各种跨境贸易模式平台纷纷出现,越来越多的消费者选择在跨境进口购物平台选购海外产品。跨境进口购物平台满足了消费者的购物需求,跨境网络购物逐渐走向常态化。

(三)跨境电子商务的特征

跨境电子商务是基于网际网络发展起来的,网络空中独有的价值规范和行为形式深刻地影响着跨境电子商务,使其与传统的交易方法不同,呈现出自身的特征。

（1）全球化（Globalization）

跨境电子商务具有全球性和非中心化的特点。互联网用户不需要考虑跨越国界就可以将商品特别是高附加值商品和服务提交到市场。跨境电子贸易提供的服务范围必然展现全球化特色需求，包括海外收货、海外通关、国际运输、保税转运、保税仓库、分拣打包、国内通关、国内配送等。任何个体只要具备一定的技术手段，在任何时刻、任何地点就可以让信息进入网络，相互联系进行交易。

（2）无形化（Intangible）

跨境电子商务是一种特殊形式的数字化传输活动，它的特点是无形性，这使得税务机关对销售商的交易活动很难进行控制和检查。税务机关所面临的交易记录都是以数据代码的形式存在，这让税务核查人员无法准确计算销售收入和利润，给税收征管带来了困难。为了解决保税区内商品监管的问题，海关采取了一些保障措施。例如，在商品进入保税区之前，海关要求进行货物清点申报，而商品出库时也需要填写申报单（进行盘库操作）。在此期间，海关还会进行实际盘点，如果实际盘点结果与系统库存不符，就会受到相应的处罚。

数字化产品和服务基于数字传输活动的特性，同样具有无形性。在传统交易中，主要是通过实物来进行交易。然而，在跨境电子商务中，无形产品可以替代实物成为交易的对象。以书籍为例，传统的纸质书籍，其排版、印刷、销售和购买被视为产品的生产与销售过程。然而，在电子商务交易中，消费者只需要购买网络上的数据版权，就可以使用书中的知识和信息。

（3）即时化（Instantaneously）

在传统的交易方式中，如写信、发电报、传真等，在发出和收到信息之间总是存在一定的时间差。在跨境电子商务中，不管实际距离远近，发送方的信息几乎可以立即被接收方收到。对一些数字化产品，如音像制品、软件等，交易甚至可以在瞬间完成，订货、付款、交货都可以立即处理。电子商务交易的即时特性提高了人们的沟通和交易效率，并且省去了传统交易中的中介环节。

（4）无纸化（Paperless）

在跨境电子商务领域中，电子计算机通信记录已取代了传统的纸面交易文件。通过以比特（BIT）为形式存在和传送的电子信息，整个信息发送和接收过程已实现了无纸化操作。跨境电商的各个环节基本上都依赖互联网进行操作，形成了一个强大的网络系统，包含了各个主体之间的相互关系，因此对服务水平的要求也大大提高了。无纸化的实现使得信息传递摆脱了纸张的限制，但是由于许多传统法律的规范起始点都是以规范"有纸交易"为基础，因此无纸化也会在一定程度上带来法律适用上的混乱。

5. 匿名化（Anonymous）

在跨境电子商务领域，由于其非中心化和全球性的特征，识别用户身份和地理位置变得非常困难。在线交易中，消费者虽然倾向隐藏自己的真实身份和地理位置，但这并不妨碍交易的进行。网络的匿名性使消费者能够以这种方式行事。然而，在虚拟社会中，隐匿身份带来的便利可能引发自由与责任之间的不平衡。

（四）跨境电子商务运作模式

目前跨境电子商务运作模式主要有六种：B2C 零售出口模式、B2B 一般出口模式、B2B2C 保税出口模式、B2C 直购进口模式、B2B2C 一般进口模式、B2B2C 保税进口模式。

1.B2C 零售出口模式

B2C 模式是指商家直接面向个人消费者进行销售的一种商业模式。在这种模式下，买家主要是国内的贸易商、个体商店以及一些厂商。

B2C 模式通过 B2C 平台来销售产品给海外消费者。这些平台提供信息展示和交易流程体验，方便买家浏览商品并完成购买交易。与传统的批发商和零售商相比，B2C 模式能够直接将产品销售给海外消费者，省去了中间环节，具有支付、交易和交货快的特点。

然而，B2C 模式也存在一些问题。首先，该模式下的客户服务缺乏互动性与个性化。由于买家与卖方之间的交流通常只限于网上平台上的留言或电子邮件，无法像传统实体店那样提供面对面的个性化服务。此外，网上购物也缺乏现场试穿或试用的体验感，导致消费者在购买前可能存在犹豫和担忧。

另外，B2C 模式的产品通常是以个人物品、邮包或快递的形式入境通关。这也带来了一定的贸易政策风险。由于涉及跨境运输和清关手续，B2C 模式在运输过程中可能面临各种限制和监管措施，可能会导致交货时间延长或产生额外的费用。

总的来说，尽管 B2C 模式具有一些优点，如快速支付、交易和交货，但也存在客户服务缺乏互动性和个性化的问题，并且网上购物体验相对较差。此外，该模式还可能面临贸易政策风险，需要卖方和买家注意和应对相关问题。

2.B2B 一般出口模式

B2B 一般出口模式是一种常见的大宗货物交易类型。在这种模式下，国外的贸易商通过电子商务平台发布一般商品的批发和交易信息，而境内外的买卖双方可以在该商务平台上完成商品的交易流程。

然而，许多跨境电商出口业务却面临着无法办理正当结汇或无法享受退税优惠政策的问题。这主要是由于缺乏正规的出口通道，无法正规办理出口报关单所造成的。这种情况对跨境电子商务出口的发展产生了严重影响，并让企业面临法律和其他风险。

为了解决这一问题，各国政府应该积极推动建立正规的出口通道，并提供便利的出口报关手续。这将有助于促进跨境电商出口业务的繁荣发展，为企业创造更多的发展机遇。同时，相关部门应加强监管和执法，加大对违法违规行为的惩罚力度，以保护企业的合法权益。

此外，跨境电商企业也应该主动加强自身的合规管理。他们应该了解并遵守相关的贸易法律法规，确保自己的出口业务符合规定，并积极探索开展合作，寻找可靠的供应链合作伙伴。通过与合规企业合作，跨境电商企业可以减少风险，提高自身的竞争力。

3.B2B2C 保税出口模式

保税出口模式是一种通过保税平台和海外仓库向国外消费者宣传与销售特定高销量产品的方法。该模式的特点在于整进、散出和汇总申报。

在这种模式下,商家将商品批量备货至位于保税区海关特殊监管区域的保税仓库。当消费者下单后,电商企业会根据订单为每件商品办理海关通关手续。这些手续包括贴面单和打包等工作。经过海关的检验放行后,电商企业委托物流公司进行配送,最终将商品快递至消费者手中。

B2B2C 保税出口模式的优势在于提前批量备货至保税仓库,这可以降低国际物流成本。此外,由于商品已经位于海关监管下的保税仓库,一旦有订单,就可以立即发货。因此,这种模式的通关效率非常高,迅速响应售后服务需求,为消费者提供了良好的用户体验。

4.B2C 直购进口模式

B2C 直购进口模式是指消费者通过互联网直接与国外卖家进行交易。整个交易过程涉及订购、选择、咨询和支付等环节。在这个过程中,跨境电子商务平台起到了重要的作用,将交易订单信息、支付信息以及运单信息实时传输给海关。海关根据这些信息,通过专门的跨境电子商务监管通道实现快速通关,并按照个人邮寄物品的税率标准对商品进行征税。相比传统的"海淘"方式,B2C 直接进口模式具有更加便捷的通关流程,同时能够保障商品的质量和提供更好的服务。

5.B2B2C 一般进口模式

B2B2C 一般进口模式是一种革命性的电子交易规则,彻底改变了传统跨境电子商务模式。该模式整合了企业与单个客户的多样需求,将它们集中在一个平台上。它通过将企业进口的日常用品再次推广销售给消费者,实现了商品的整批进口,按照一般贸易缴纳关税,支付方式与传统一般贸易进口无异。B2B2C 模式正适应了跨境电子商务发展的新环境,让企业经营者巧妙地规避了由于商品积压、配送、物流体系建立不完善所带来的风险。这种模式的出现为企业经营者提供了更便捷和高效的跨境贸易方式，同时使消费者能够获得更多的选择和优质的商品。随着全球市场的不断发展，B2B2C一般进口模式必将在未来的电子商务领域中发挥更加重要的作用。

6.B2B2C保税进口模式

B2B2C保税进口模式是一种利用保税监管区对国内消费者销售热门产品的商业模式。它通过网络平台推销保税区域内的产品，也被称为备货进口模式。该模式在通关物流方面具有一定的优势。首先，它可以将国内热销海外商品整批运进国内保税区，而商家则承担着保税区内的仓储费用，并由海关全程对保税区内的商品进行监管。当消费者在网上下单时，货物直接从保税区发出，并在保税区完成报关手续。其次，经过国家检验等监管部门的快速通关，最终通过国内物流快递送达给消费者。与海用和直购进口模式相比，保税进口模式下的电商商品价格更实惠，配送速度更迅速。同时，这种模式便于检验检疫监管，从而为商品质量提供了更多的保障。最后，保税进口模式还可以提供完善的售后服务，如退换货等。这大大改善了消费者的购物体验。因此，B2B2C保税进口模式成为越来越多消费者选择的购物方式。它不仅能够满足消费者对商品的需求，还为他们带来了更多的便利和实惠。在未来的发展中，保税进口模式有望进一步扩大，为国内消费者带来更多的优质商品和服务。

二、跨境电商与传统跨境贸易的区别

跨境电商作为一种新兴的贸易方式，与传统的跨境贸易在很多方面存在差异。首先，在交易过程中，跨境电商可以充分利用互联网的优势，实现信息的透明和流通。消费者可以通过在线平台直接购买商品，无需经过中间环节的繁琐手续。这不仅降低了交易门槛，还减少了贸易中的附加成本。

其次，跨境电商的交易周期相对较短。由于商品的线上销售和国际物流的直接对接，货物的运输速度更快。消费者可以更迅速地收到自己购买的商品，满足了当下社会快节奏生活的需求。

除了以上优势，跨境电商还为买家提供了更广泛的选择和更好的购物体验。借助各种互联交易平台，买家可以轻松找到价格合理且信誉良好的供货商。此外，平台还能够根据买家的地理位置和偏好，精确定位并联系潜在客户，使得销售过程更加便捷高效。

（一）跨境电商与跨境贸易的区别

1. 运作过程

跨境电商的运作过程虽然也有交易前的准备、贸易的磋商、合同的签订与执行以及资金的支付等环节，但是交易具体使用的运作方法与传统跨境贸易是完全不同的。

首先，交易前的准备阶段在跨境电子商务中通过网络进行。双方可以通过在线渠道获取交易的供需信息，这种方式具有快速和高效的特点。传统跨境贸易的人员则需要参加展览会、订货会等活动来了解产品或服务的供需信息。

其次，在跨境电子商务的交易协商过程中，双方可以将书面单据转化为电子单据并在网络上传递。这种方式使得交易协商更加便捷，而传统跨境贸易往往通过口头协商或书面单据的传递来进行交易协商，包括询价单、订购合同、发货单、运输单、发票、验收单等。

再次，在跨境电子商务环境下，合同的签订与执行依赖于网络协议和跨境电子商务应用系统的功能。这保证了交易双方的交易协商文件的正确性和可靠性，并且在第三方授权的情况下具有法律效应，可以作为仲裁依据。在传统跨境贸易中，交易协商往往是通过口头协议来完成的，但之后必须以书面形式签订具有法律效应的商贸合同来确保磋商结果的执行，并且在产生纠纷时由相应机构进行仲裁。

最后，跨境电子商务交易中的资金支付一般采用网上支付的方式，而传统跨境贸易的资金支付方式主要有信用证和现金两种。信用证方式多用于企业间的交易活动。

综上所述，跨境电商运作过程中的交易前准备、协商、合同签订与执行，以及资金支付等方面与传统跨境贸易存在明显的差异。跨境电子商务借助网络技术，实现了信息的快速沟通和高效传递，提高了交易的效率和便捷性。同时，网络协议和电子商务应用系统的功能保证了交易双方的合作文件的可靠性和正确性，提供了法律保障。在资金支付方面，网上支付方式成为跨境电子商务中常用的支付方式。

2. 监管方式

为了确保所有进出境活动符合国家法律法规，海关运用其被赋予的权力来对进出口货物进行管理。海关的最基本职责是监管，其他职责都是在此基础上产生的。海关通过备案、审单、查验、放行、后续管理等方式对进出境运输工具、货物和物品进行监管。根据监管对象的不同，海关的监管可分为运输工具监管、货物监管和物品监管三个体系。针对每个体系，海关都会采取不同的管理程序和方法。

各国海关对进出口实物都进行了"货物"和"物品"的划分，两者主要根据是否具有贸易属性来进行区分，并适用不同的监管方式。然而，在传统跨境贸易和跨境电子商务模式中，海关监管对进出口实物的划分存在最大的不同点。

在传统跨境贸易中，海关将进出口实物划分为"货物"。这些货物通常是以商品形式存在，具有明确的经济价值和贸易属性。海关对这些货物的监管主要涉及商品的申报、税费缴纳、检验检疫等环节。海关通过审核单证、实施查验等手段，确保货物符合国家规定的质量标准和安全要求，同时确保相关税费的缴纳，并最终放行合规的货物。

在跨境电子商务模式中，海关对进出口实物的划分更加复杂。除了常规的商品交易，跨境电子商务还涉及个人之间的小额交易、数字产品的传输等多种形式。因此，海关将这些实物划分为"物品"。与货物不同，物品可能具有各种不同的属性，不一定都是商品，也可能是礼品、个人物品等。海关在对物品进行监管时，需要根据不同的情况采取相应的管理程序和方法。传统跨境贸易与跨境电商贸易监管方式差异如表1-1所示。

表1-1 跨境电商贸易与传统跨境贸易监管方式差异

类别	跨境电子商务	传统跨境贸易
监管方式	行邮（行李和邮件）方式监管，原则上需按各国法律要求主动申报，按章缴纳"行邮税"，但尺度上突出"自用"和"合理数量"，越界则会被视为"货物"	一般贸易方式的监管，通常为"一关三检"，分为海关申报、商品检验、动植物检疫和卫生检疫
税率	行邮税	海关根据不同货物征收不同关税、增值税、消费税

3.税率

国家为了满足社会公共需要，实现国家职能，需要对不同的对象进行征税来获取财政收入。这些对象包括传统跨境贸易和跨境电商模式下的进口物品。海关在不同的监管方式下，根据国家赋予的权力对这些物品进行征税。然而，由于监管方式不同，两种模式下的税率也是不同的。

在传统跨境贸易下，征收的税种包括关税、增值税、消费税以及其他相关税种。这些税种根据商品的性质和价值，计算适当的税额并进行征收。这样可以确保国家从传统跨境贸易中获取应有的财政收入。

在跨境电商模式下，由于进口物品的特殊性，税收模式相对简化。基本上只征收行邮税，行邮税一般包含进口环节上的增值税、关税、消费税。海关对入境旅客行李物品和个人邮政物品征收的进口税主要包括这些税项。通过这种方式，国家可以确保从跨境电商活动中获得必要的税收收入。

（二）跨境电子商务的优势

1.市场范围广阔

在全球化的时代背景下，跨境电子商务已经成功地突破了传统国际贸易所面临的地理限制。这一新兴形式的贸易使得企业能够直接与全球消费者进行交流和合作，从而实现了无国界贸易的目标。借助互联网的力量，企业可以与世界各地的企业和个人建立联系，并达成交易的目的。这种发展不仅为企业带来了更广阔的市场范围，同时为消费者提供了更多元化的选择机会。通过跨境电子商务，企业能够突破传统的地理限制，实现全球市场的拓展，并实现更大规模的经济效益。

2. 中间环节减少

跨境电子商务摆脱了传统跨境贸易进出口量的限制，通过快速反应、小订单、多批次等形式替代了繁杂的订单确认以及集装箱排仓、排期等环节。同时，在结算方面出现了新的方式，不再单独依靠传统信用证方式，转而以个人结汇或第三方支付平台进行支付。

相比一般传统贸易进出口产业，目前国内对跨境电商产业还没有设立行业等级标准等门槛，这使得跨境电商企业可以快速开展业务活动。这种灵活性使得跨境电商具有更大的发展潜力和创造力。

通过摆脱传统限制和引入新的商业模式，在全球化的背景下，跨境电子商务为企业拓展国际市场带来了更多机遇和优势。传统跨境贸易常常受到进出口量的限制，需要繁琐的订单确认以及集装箱排仓、排期等环节，而跨境电子商务可以更加便捷地完成交易。

在结算方面，传统信用证方式依赖于银行的中介作用，手续复杂且速度较慢，而个人结汇或第三方支付平台的出现，更加方便了跨境电商企业的结算操作。这种方式可以快速完成支付，同时降低了交易成本和风险。

尽管目前国内还没有对跨境电商产业设立行业等级标准等门槛，但这并不意味着没有规范和监管。相反，政府相关部门和行业组织开始加强对跨境电商的监管和规范，并逐渐建立相应制度。这为跨境电商企业提供了更稳定和可靠的发展环境。

3. 附加成本降低

传统的跨境贸易通常只有通过一系列的进出口商和分销渠道，才能将商品达到最终的企业或消费者手中。这种方式存在许多问题，如环节繁多、时间长、成本高等。然而，跨境电商的出现为企业带来了巨大的变化。

跨境电商直接面向消费者，通过互联网与国外消费者进行交易，相比传统贸易模式，大幅降低了企业的交易成本。传统贸易过程中，需要经过诸多中间商的多次转手，这就带来了许多附加成本。跨境电子商务企业利用互联网技术，将买卖双方紧密联系在一起，减少了不必要的中间环节，从而省去了多重附加成本，使企业的利润得以增加。

跨境电商的崛起带来了许多好处。首先，它极大地缩短了交易链条，加快了商品流通速度。传统贸易往往需要花费较长时间才能将商品运送到终端用户手中，而跨境电商通过电子交易平台迅速将商品发往全球各地，大大提高了交易效率。同时，跨境电商打破了地理限制，使企业能够更加方便地进入海外市场，拓宽了销售渠道。

此外，通过跨境电商，企业还可以直接与国外消费者进行交流和互动，更好地了解市场需求。传统贸易模式中，企业的销售渠道往往受到限制，无法直接获得消费者的反馈和需求，而跨境电商可以实现即时沟通，帮助企业更准确地把握市场动态。这为企业提供了更多的机会，使其在全球市场上保持竞争力。

4. 利润空间丰厚

跨境电子商务是信息技术和商务活动的最佳结合形式。通过高效获取信息、及时便捷与客户沟通以及有效整合企业内外资源，跨境电子商务有助于企业在一定程度上降低运营成本、提高运营效率，并扩大利润空间。同时，跨境电子商务可以对传统进出口业务流程中的繁复环节和费用支出进行减免。通过在线支付工具的流行和跨境快递渠道的完善，进一步减少了传统跨境贸易中的多个中间环节，这为跨境电子商务创造了丰厚的利润空间。通过跨境电子商务，企业能够更加便捷地开展国际贸易，实现全球市场的拓展。该模式不仅能够降低传统贸易中的各项成本，还能够提供更加灵活的运作方式，有利于企业的长期发展。目前，随着互联网技术的飞速发展，越来越多的企业选择通过跨境电子商务拓展海外市场，并取得了显著的经济效益。因此，跨境电子商务已成为全球经济中不可忽视的重要组成部分，将对国际贸易产生深远的影响。

5. 贸易渠道便捷

跨境电子商务是一种全新的海外营销渠道，相比传统的海外营销，卖家可以通过灵活运用网络营销手段，更加精确地定位目标客户群体，并获取潜在买家的信息，进而实现交易并促进贸易增长。与传统的跨境贸易相比，跨境电商能够省去许多中间环节，降低从事跨境贸易的门槛，使国际贸易变得简化和透明化。同时，跨境电商能够节约交易成本，缩短运营周期，并为广大中小企业提供了直接面向国外买家的营销渠道。

首先，跨境电子商务能够帮助卖家通过网络营销手段实现精确的定位。传统的海外营销方式往往需要通过大规模的广告投放来吸引潜在买家，而这种方式存在着较大的浪费和盲目性。跨境电商平台则可以根据用户的购买行为、浏览记录等数据来进行准确的客户定位，将商品信息准确地推送给真正感兴趣的潜在买家，提高购买转化率。

其次，跨境电商可以直接获取潜在买家的信息。在传统的海外市场中，卖家往往无法得知潜在买家的联系方式和购买需求，导致无法有效地与潜在买家进行交流和推销。跨境电商通过用户注册、购物车、收货地址等信息的收集，能够更好地了解潜在买家的需求和购买意向，从而针对性地进行商品推荐和营销活动，提高交易完成率。

再次，跨境电商节约了传统跨境贸易的许多中间环节，降低了从事跨境贸易的门槛。传统的跨境贸易往往需要通过代理商、进出口公司等中间环节来完成，这不仅增加了贸易成本，还存在一定的风险和不确定性。跨境电商平台提供了直接的对外销售通道，卖家可以自主选择供应商和配送方式，省去了中间环节的费用和繁琐操作，使得小型企业能够轻松参与到国际贸易中。

最后，跨境电商的运营周期明显缩短。在传统的跨境贸易中，由于各个环节的限制和复杂性，完成一笔交易往往需要较长的时间。跨境电商平台提供了自动化的交易和物流管理系统，能够大大加快交易、付款和发货等环节的速度，缩短运营周期，让卖家能够更迅速地回收资金并进行下一轮交易。

6.国家政策支持

跨境电子商务作为国家积极推动的一种新型贸易发展方式，是培育对外贸易竞争新优势的重要举措之一。近年来，为了支持和促进跨境电子商务的发展，我国相继出台了多个政策文件，并采取了相关的扶持政策和补贴计划。尤其是在 2018 年 12 月 30 日，国家财政部宣布了一项重大决策，即自 2019 年 1 月 1 日起，调整了跨境电商零售进口税收政策，提高了享受税收优惠政策的商品限额上限，并扩大了清单范围。

这次政策调整是为了实实在在地为跨境进口电商和消费者降低税收和费用，以进一步释放居民的消费需求，并促进跨境进口消费的升级。从政策层面上来看，这将极大地推动和促进跨境工商行业的发展，将为我国的经济增长和贸易活动注入新动力。

该政策的调整具体包括两个方面的内容。首先，调高了享受税收优惠政策的商品限额上限。此前的政策中，跨境电商零售进口的商品限额相对较低，导致有些高价值商品无法享受优惠政策。这次政策调整将商品限额上限提高了，更多的商品可以享受到税收优惠，从而降低了消费者的购买成本，促进了消费者的跨境购物需求。

其次，该政策调整扩大了清单的范围。之前的政策清单中，只包含了一部分商品，限制了跨境进口电商的经营范围。通过这次调整，清单的范围得到了扩大，涵盖了更多的商品品类，使得跨境进口电商有更多的经营选择，满足了消费者的多样化需求。

最后，这次政策调整具有重要的意义。它不仅能够促进国内工商行业的发展，还能够推动国际贸易的发展。通过降低税收和费用，我们可以吸引更多的国内消费者进行跨境购物，增加了国外商品的销售量，提高了国内市场的竞争力。同时，这有助于推动我国的制造业升级和创新能力的提升，促进了国内企业的转型升级。

7. 经营风险降低

传统跨境贸易中，通常以大宗采购订单为主，而这些订单集中在少数的大批发商和渠道商手中，这使得他们不仅要承担大规模生产企业的经营风险，还要应对外贸市场的不稳定性。然而，为了满足中小进口商的需求，跨境电商采取了一系列措施来缓解这些风险。他们将大额采购划分为中小额采购，将长期采购转变为短期采购，以此来分散风险。

首先，跨境电商的小批量、多批次的"碎片化"采购方式有效地减轻了企业大规模生产所带来的压力。相比传统的大宗采购，这种方式更加灵活，不仅可以满足中小进口商的需求，也能够更好地应对市场变化。通过将采购订单分散成多个小批次，跨境电商能够及时调整供应链，应对市场的波动。同时，这减少了企业因大规模生产而面临的库存积压和资金占用问题。

其次，跨境电商通过降低采购金额和时间的方式来分散风险。中小额采购能够减少一次性资金的压力，提高企业的资金周转效率。短期采购则可以更加及时地应对市场需求的变化，避免出现过长的供应链周期。

三、保税跨境电子商务

（一）保税跨境电商概念

保税电商，即保税跨境贸易电子商务，是一种运营理念与模式，旨在帮助企业降低进口电商的物流成本。它充分利用了综合保税区政策以及跨境电商的便利性，具备跨越时空和无纸便捷性等特点。通过海关特殊监管区域或保税监管场所进出境商品，保税电商可以帮助企业迅速扩大市场销售渠道，增强品牌国际影响力，并促使国际贸易方式得以转型升级。

要实现保税电商的发展，有三个重要条件：进口便利、平台完善和销售畅通。进口便利需要有大型港口或国际航空港，以确保境外商品能够顺利抵达，并且需要有保税仓库来接受海关监管和进行检疫与仓储。平台完善包括硬件设施和软件设施两个方面。硬件设施包括保税商品展馆、商品分拣中心等场所，同时需要具备办公所需的水电网络等条件。软件设施则包括跨境贸易电子商务第三方平台、电子商务通关服务平台和电子商务通关管理平台，以实现数据交换、信息共享和电子监管执法。销售畅通则需要覆盖足够的消费群体进行购买，并且需要安全的支付平台、便利的交通和发达的物流企业来协助收发货。

当前，跨境贸易电子商务还处于发展阶段，尚处于试点阶段的地区还比较少。未来随着发展的推进，这一数量将会继续扩大，各个跨境电商试点的辐射影响范围也会产生变化。利用保税区的跨境电商机遇，充分发掘地方比较优势，竞争合作、谋求共赢，将成为地区发展的重点。

（二）保税跨境电商商业模式的类型

通过近两年的快速发展，现阶段国内保税跨境电商不但形成了三种类型的商业模式，还形成了规范化的业务操作方式，整个行业结构越来越合理，行业格局逐渐清晰。我国目前保税跨境电商商业模式分为平台入驻、买手制与B2C自营三类，具体商业模式特征对比如表1-2所示。

表1-2 保税跨境电商商业模式特征对比

	平台入驻	买手制	B2C自营
类型说明	运营方提供交易场所，买家与卖家进行自主交易，平台仅负责提供信息沟通渠道并解决支付问题	运营方自建线上平台，海外买手进驻营销	具有充足资金、自身团队、货源及物流的企业组建B2C平台进行商品销售。服务包括物流、支付和售后等
优点	因跨境电商自身特殊时效性，现金流具有较长周转期，只要平台有较大的成交流量，平台本身就可沉淀大批资金。平台的首要任务是提高其核心层的流量	在保税跨境电商平台创办初期依靠海外买手能够轻松解决平台线上商品品种的问题，并利用买手客户资源快速建立自身的客户群体，有助于实现平台品牌快速推广	品控易于管理，消费体验较好；物流时效性较好；资金充足，线上商品品种丰富；售后服务良好
缺点	平台售卖的商品品控问题难以把控；商业模式售后服务体验感较差	售后问题过多，管理成本高；买手容易流失；物流时效性较差；假货较多；同质化竞争激烈	平台运营费用较高；资金占用较多
代表企业	天猫国际	淘宝、洋码头	京东

第二节 跨境电子商务的相关理论

一、交易成本理论

"交易成本"是一个经济学名词，它指的是在市场经济中买家和卖家在进行交易时所承担的时间和金钱等额外消耗。虽然传统经济学理论对交易成本的研究并不广泛，但在现实经济生活中，交易成本无处不在，几乎每一个交易的环节都会存在交易成本。无论是在价值链还是供应链中，交易成本都普遍存在。简言之，"只要涉及交易，就一定有交易成本"。

人们一直以来都梦想着能够实现"无摩擦的理想市场"，在这样的市场中，买家和卖家可以自由交换，而不需要花费更多的时间和金钱，也就是说交易成本为零。然而，不幸的是，这种理想市场并没有出现，交易成本仍然存在于每一项交易中。随着信息通信技术的迅速发展和在商业领域的广泛应用，跨境电子商务作为一种新型商务模式，具有巨大的降低交易成本的潜力。尽管我们无法完全消除交易成本，但通过跨境电子商务，我们仍可以最大限度地降低交易成本，从而获得最大的利益。交易成本理论是跨境电子商务的理论基础。

（一）交易成本理论概述

关于交易成本理论，罗纳德·科斯（Ronald Coase）、奥利弗·威廉姆森（Oliver Williamson）和张五常等经济学家都有过不同的阐述。

（1）科斯定理

科斯是交易成本经济学的奠基人，他在1937年的论文《企业的性质》中利用一系列案例进行了交易成本经济学的阐述，这些案例提出了"科斯定理"。科斯将交易成本归纳为两部分：发现价格的成本和谈判、签订合同的成本。在他于1960年发表的著作《社会成本问题》中，科斯对交易成本做了更加详细的定义：为了完成市场交易，必须搞清楚与谁进行交易，必须通知人们某人想要出售某物，并在何种条件下进行协商、签署合同并履行合同所必需的检查等等。

（2）威廉姆森的交易成本观点

1975年，威廉姆森在他的《市场与管理等级制》一书中详细讨论了交易成本。他遵循埃罗的观点，将交易成本定义为利用经济制度所需的成本，相当于物理学中的"摩擦"。他认为，事前的交易成本包括制定、谈判和维护协议的成本,而事后的交易成本则包括:①因偏离要求而引起的适应成本;②为纠正偏差而付出的双边努力所产生的持续争议成本;③伴随着管理机构(通常不是法庭)的建立和运作而产生的成本,这些机构负责解决交易纠纷;④用于确保安全保证有效性的抵押成本。

威廉姆森(1985)指出,产品或服务的成本由生产成本和交易成本构成。交易成本也被称为协调成本,它包括监督、控制和管理交易的成本。当企业管理者做出自制或购买的决策时,他们考虑的成本应该是生产成本加上交易成本。

(3)张五常的交易成本观点

张五常在《经济组织与交易成本》一文中指出,交易成本可以视为一系列制度成本,其中包括信息成本、谈判成本、契约拟定和实施成本、产权界定和控制成本、监督管理成本以及制度结构变化成本。简而言之,交易成本指的是不直接发生在物质生产过程中的一切成本。同时,该文强调了一个重要观点,即所有的组织成本都属于交易成本。

另外,凯伊、迈克尔·迪屈奇等经济学家也对交易成本理论及其分析方法进行过研究并阐述。交易成本可能存在于每一项交易过程中,并可能涉及每一个交易环节。此外,交易成本还可能存在于买家和卖家之间,即买方和卖方各自承担交易成本。

(二)交易成本的表现形式

虽然经济学家们的著述有些不太全面或不合理,但是按照他们的分析思路,我们仍然可以总结出交易成本的两种主要表现方式:正常交易成本和不适应交易成本。

1. 正常交易成本

正常交易成本，它指的是在遵循法律、规章和商业惯例的前提下存在的交易成本。正常交易成本主要包括企业内部交易成本、企业外部交易成本和政策交易成本这三大类。

首先，关于企业内部交易成本，我们指的是企业为组织各种价值活动而产生的成本，如质量检测成本等。按照张五常的观点，企业内部交易成本其实就是组织成本。

其次，是企业外部交易成本，也就是供应链交易成本。企业外部交易成本是指企业与供应商、分销商、客户和合作伙伴之间的交易所支付的成本，也就是供应链中发生的成本。这些成本包括信息成本、签约成本和履约成本。

最后，是政策易成本，即政策成本。政策易成本指的是在交易过程中遵循法律、规章和政策要求而产生的成本。如经营或交易许可的成本，以及由于政府监管而产生的成本，如进出口报关的成本等。

2. 不适应交易成本

交易成本不适应是指在交易规则出现偏差或争议时，所产生的额外费用。例如，为解决争议而产生的诉讼或仲裁费用，为确保交易安全而发生的抵押或保险费用等。交易成本的主要表现形式如图1-1所示。

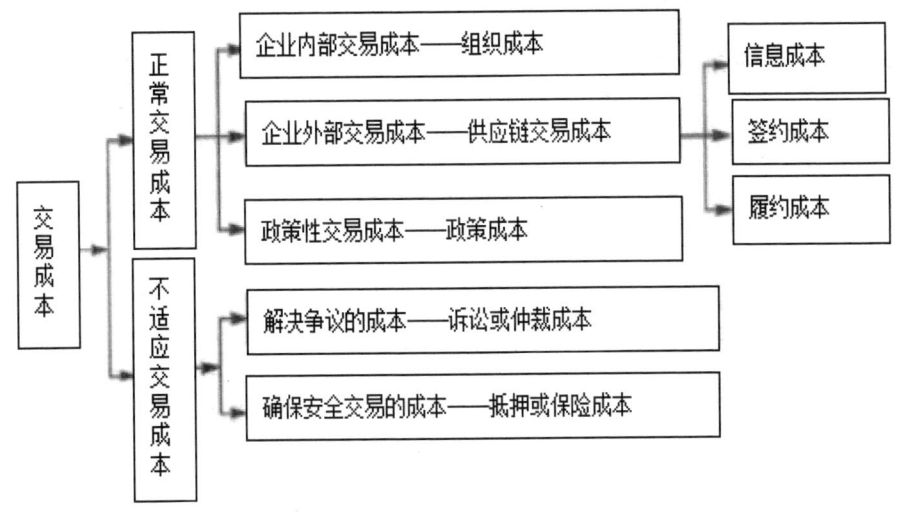

图 1-1 交易成本的主要表现形式

（三）供应链交易成本的组成

跨境电子商务正常交易成本中的企业外部交易成本，也就是所谓的供应链交易成本。在供应链管理的发展过程中，供应链交易成本一直贯穿着整个供应链。供应链交易成本根据所处的环节不同，可以分为采购环节的交易成本和销售环节的交易成本。按照性质来划分，又可以分为以下三个方面。

首先，是信息成本。信息成本由于信息的不对称性而存在。信息不对称在卖方和买方之间始终存在。关于信息不对称的研究促进了信息经济学的发展。乔治·阿克尔洛夫、迈克尔·斯彭斯和约瑟夫·斯蒂格利茨三位经济学家因在不对称信息市场分析方面的开创性研究而获得 2001 年度诺贝尔经济学奖。他们运用不对称信息的现实假设，给出了对此问题的一般合理解释，并扩展了经济学理论：市场一方的经济主体比另一方知道的信息更多。信息的不对称性分为事先的不对称和事后的不对称。事先的不对称发生在交易一方了解待购买（销售）物品所具有的信息较少的情况下，而事后不对称则在交易完成后，交易一方依然了解较少信息的情况下出现。例如，保险公司无法可靠地知道被保险人是否提供了与索赔有关的所有信息。

其次，是签约成本。交易双方为了最终签订合约而付出的各种成本，包括谈判成本和比价/议价成本等。其中，比价/议价成本指的是交易双方在协商价格和条款时所发生的同类产品价格比较、询盘和还盘等活动所支付的成本。

最后，是履约成本。买卖双方执行合约所产生的成本，包括订单管理成本、物流成本（包括送货、验货、运输和仓储）、支付和结算成本以及售后服务成本。特别是物流活动和物流成本在人们中的重视度越来越高。据统计，物流成本通常占销售额的 5%~35%。物流成本被认为是商务活动中较高的成本之一，仅次于生产制造过程中的材料费用或批发、零售产品的成本。目前，人们希望通过改进物流管理来最大限度地降低物流成本。

二、长尾理论

长尾理论是由美国人克里斯·安德森（Chris Anderson）在 2004 年提出的。它认为，当非主流商品的存储、展示场地、形式和渠道足够多样化时，这些非主流商品所占据的市场份额和产生的利润价值可以和主流商品相媲美甚至更大。图 1-2 展示了长尾理论的模型。

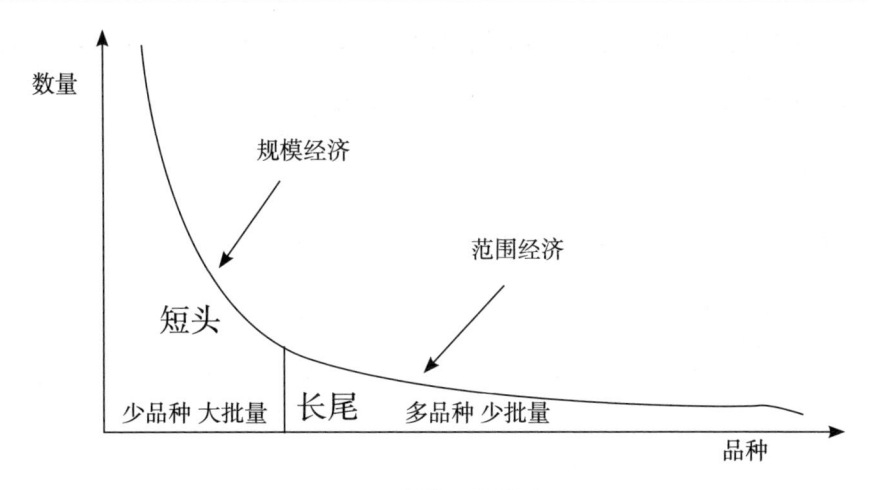

图 1-2 长尾理论模型

作为消费者，我们的需求各不相同。虽然在一定时期内，主流产品受到了消费者的追捧，但非主流产品同样有其特定的目标群体。网络营销使这些非主流产品被选择的机会和渠道大大拓宽，从而实现销售目标。通过网络平台，非主流产品可以拥有自己的市场，并创造相应的利润。

2004年10月，《连线》杂志的编辑克里斯·安德森首次提出了"长尾"一词。他在文章中主要描述了像Netfix和亚马逊这样的网站的商业运营模式。在现实生活中，人们通常关注重要的人和事情，市场也是如此。企业通常关注热销产品和能给他们带来更大利润的产品，而忽视那些利润较低但仍需要一定成本和精力维护的产品。尽管这些产品的消费者关注度和利润较低，但其数量庞大，总体利润价值仍有可能超过热销产品。例如，许多企业只关注几个所谓的"VIP"大客户，对小客户或零散客户则缺乏关注和维护。然而，网络时代的到来让信息传递变得方便快捷。同时，对企业来说，利用网络维护小客户的成本大大降低，也为企业开辟了一条新的盈利途径。以谷歌公司为例，他们的客户虽然多是小客户、小型企业甚至个人，但这些客户所创造的利润价值却超过了公司总利润的一半以上。可以说，正是网络关注了长尾市场，造就了长尾现象。

长尾市场通常被称为"利基"市场，利基是英文的音译。菲利普·科特勒认为，利基市场是指那些没有受到重视和服务不好的小市场。通过细分市场，企业能够更精准、有针对性地找到自己的目标市场，无论是针对特定市场还是特定产品，都可以加大营销力度，以创造更大的利润价值。

（一）长尾理论的内容

长尾理论提出后，业界对此理论产生了不同看法。一些人认为，长尾理论给我们带来了很好的启示，不仅要关注主流产品和市场，非主流商品同样能带来可观的利润。然而，也有人持相反观点，认为长尾理论有局限性，需要特定条件，无法适用于整个市场和行业。此外，产品是属于"长尾"还是"短头"并不是固定的，它们都处在变化之中。因此，我们需要进一步研究长尾理论中存在的问题：

1. 长尾理论没有明确指出如何划分和界定热销产品和常销产品。

2. 长尾理论虽然能增加企业利润，但也可能使企业分散精力，导致无法兼顾"短头"和"长尾"，从而影响经营和利润。

3. 长尾理论只是提出了抽象的推论，并未给出实际的基本战略。

作为网络消费者，我们仍然关注主流热销产品，除非我们有特定需求，否则不会首先注意到非热销产品。热销产品是消费者和销售商的桥梁，通过对这些熟悉的产品建立信任，销售商可以引导消费者浏览他们不熟悉的非热销产品，即长尾市场。销售商会针对这80%的非热销产品挖掘消费者的需求，并推动消费产生。当这种模式大规模发生时，带来的总利润将超过热销产品的利润，甚至有些非热销产品可能成为主流热销产品。

（二）长尾理论与二八定律

二八定律是经济学家帕累托提出的，描述了一种不平衡关系：20%的热销产品创造了80%的利润和销量。长尾理论是基于互联网而产生的新理论。可以说，二八定律和长尾理论从不同角度阐述了主流产品和非主流产品给企业带来的效益。

1. 长尾理论颠覆了二八定律

二八定律用于分析市场和企业，并检验两组数据之间的关系，以改变其描述的现状。它发现20%的投入可以带来80%以上的产出，从而降低企业资源损失并获得更大的利润。长尾理论关注的就是被二八定律忽视的80%，即"长尾"。这个理论认为，在库存和渠道充足的情况下，这80%的非热销产品同样可以为企业带来一半甚至更多的经济利润。这些非热销产品作为尾部的80%，在不同的细分市场上销售。尽管每种商品仅服务于少数消费者，但其总和却庞大，带来的利润也巨大。在网络时代，市场中商品的选择范围远大于过去，消费者更容易找到适合自己的产品。因此，尾部的非热销产品变得越来越重要，带来的经济利润也越来越明显，有时甚至能与头部媲美。互联网的推动下，二八定律作为传统商业准则开始有可能改变。所以大多数人开始认为长尾理论是可以颠覆二八定律的。一些学者这样认为，在商业变革和互联网技术变革充分融为一体、并能充分体现现代市场特征的长尾市场中，传统的二八定律产生了如下变化：第一，非热销产品市场与大热门市场已相差无几，任何产品都能创造利润；第二，市场可以提供较之以前更多种类的产品选择；第三，消费者更容易找到适合的产品，销售额在非热销产品市场与大热门市场之间的分配更加均匀。

2. 长尾理论是二八定律的补充

热卖商品是企业发展和进步的关键，长尾理论则为人们提供了更多市场和销售领域的拓展思路。即使作为长尾理论的源头网络企业，他们仍然需要销售畅销产品以获取高额收益。同时，随着库存和渠道的扩展，原来80%的非畅销产品也可以成为市场上20%的热销产品，虽然在长尾，但它们依然可以成为各自市场中的畅销产品。要让长尾理论成为二八定律的补充，必须满足两个条件，并且所面对的市场也要具备三个特征。这两个条件是指网络信息化普及程度和成熟度足够高，并且网络信息技术非常完善；社会经济足够富饶。市场的三个特征包括商品种类繁多、可选择的空间极大，经营的产品为非热销产品，产品市场较为单一。

实际上，长尾理论并没有颠覆二八定律，更不能替代它，只是在特定条件下由二八定律延伸出来的新理论，可说是对二八定律的扩展。

长尾理论是一种新兴的市场理论，它是在网络信息时代提出的，因此具有很大的局限性，需要满足一定的条件才能发挥其作用。相反，二八定律多年来一直是市场经营的主导规律，适用于各种市场，不受任何条件限制，目前企业的生产、实践和销售仍然离不开二八定律。可以说，二八定律在市场中的应用范围远比长尾理论广泛。长尾理论提供了一种新的营销思路，对多数企业来说，放弃可以创造80%利润的畅销产品是不可能的，相反，这些畅销产品仍然是企业的重点经营对象。长尾理论让企业意识到非畅销产品"尾部"的重要性。如果借助一定的平台或工具,向不同需求市场的客户提供更多的非畅销产品,所获得的利润同样可观。

时代在前进,市场在发展,各种理论都需要适应特定时代和市场的要求。同样,长尾理论也是一个动态的理论,与二八定律并不矛盾,可以看作是二八定律的扩展。二八定律中提到的创造80%利润的那20%产品并不固定,这些产品在某个时期可能是热销产品,但在下一个时期可能就成为非热销的尾部产品。对长尾理论中"尾部"的非热销产品来说,如果能够进行市场细分,并利用相应的平台和技术支持,它们同样可以成为二八定律中20%畅销产品的一部分。这两个理论是动态变化的,在不同时间段可以相互转化、相互依存。因此,企业需要通过长尾理论清楚地认识到,作为"尾部"的非热销产品是不可忽视的,它们可能随时成为下一个时期的热销产品。

随着网络时代的来临,新兴经济模式开始出现,其中最显著的特征是大量网络交易模式的出现。B2B和B2C等电子商务网站得到了快速发展,推动了长尾战略的实施。网络时代的兴起改变了人们传统的生活和消费方式,它使原本成本较高的事物变得简单易得,主要表现在营销费用大幅降低、市场资源整合方便快捷、社会小众需求集聚等方面。跨境电子商务正是利用长尾理论,改进和创新了传统外贸企业,与仍在使用大型集装箱交易模式的传统外贸企业相比,在电子渠道上取得了成果。

三、比较优势理论

（一）比较优势理论的形成

大卫·李嘉图在他于1817年出版的《政治经济学及赋税原理》中提出了"比较成本理论"，即后来被称为"比较优势理论"。这一理论认为，国际贸易的基础不仅限于绝对的生产技术差异，只要不同国家之间存在相对的生产技术差别，就会产生相对的生产成本和产品价格差异，从而使得各国在不同产品上具有比较优势，实现国际分工和国际贸易。因此，每个国家都应根据"两利相权取其重，两弊相权取其轻"的原则，集中生产和出口具有比较优势的产品，进口具有比较劣势的产品。相较绝对优势贸易理论，比较优势贸易理论更广泛地解释了贸易的产生基础和贸易的利益，极大地发展了绝对优势贸易理论。

尽管比较优势理论填补了绝对优势学说的理论缺陷，但它本身仍存在一些不足：第一，虽然它解释了劳动生产率差异如何引起国际贸易的产生，但没有进一步解释造成各国劳动生产率差异的原因；第二，它认定各国将以比较优势原则进行完全专业化生产的论点与实际情况不符。在现实中，大多数国家会生产某些替代进口商品，而不是完全专业化生产。

20世纪初，赫克歇尔和俄林两位经济学家从生产要素比例的差异而不是生产技术差异出发，解释了生产成本和商品价格的不同，并以此说明了比较优势的产生。这种解释克服了亚当·斯密和李嘉图贸易模型中的局限性，认为资本、土地以及其他生产要素和劳动力一起，在生产中起着重要作用，影响着劳动生产率和生产成本。不同商品的生产需要不同的生产要素配置，而各国生产要素储备比例和资源禀赋不同，这种生产资源配置或要素禀赋上的差异才是国际贸易的基础。

亚当·斯密和李嘉图的贸易模型本质上都是将国家间先天赋予的生产条件差异作为贸易基础。因此，在李嘉图到20世纪中期之前的比较优势理论被称为外生比较优势理论。外生比较优势理论的产生与流行与当时简陋的产业状况密切相关。当时，产业的生产形态以劳动密集而非技术密集型为主导，国际贸易的主要产品是香料、丝绸、烟草和矿产等，而国家的资源、资金和技术仍处于发展中的状态。随着20世纪60年代以来全球经济和国际贸易的迅速发展，外生比较优势理论已经无法解释丰富多样的贸易形式。

（二）比较优势理论的发展

学者们在比较优势理论体系上做出了很多工作，不但引入了规模经济、产品差异等概念，也从不同角度完善和拓展了传统的比较优势理论。

在80年代，克鲁格曼和赫尔普曼运用规模经济来分析比较优势，并发展了一个垄断竞争模型，该模型基于自由进入和平均成本定价的原则，将产品多样性的数量视为由规模效应和市场规模之间的相互作用所决定的。90年代，梯伯特进一步总结并集中论述了内部规模收益递增对比较优势的作用。然而，多勒尔等学者认为，规模经济并不能完全解释比较优势，他们认为规模经济只能解释越来越多的产业内贸易在现代发达国家之间的专业化程度，而技术差异才是对专业化程度不断加深的合理解释。

格罗斯曼和赫尔普曼从研究与开发的角度推进了比较优势理论。他们发展了一个涉及产品创新和国际贸易的多国动态均衡模型，用来研究通过研发产生的比较优势和世界贸易的跨期演变。他们的动态分析不仅推进了比较优势的研究，而且方法具有很大创新。他们的模型明确处理了对私人投资研发的激励以及研发活动所需的资源。

杨小凯和博兰从专业化和分工的角度拓展了对内生比较优势的分析。他们认为，随着分工水平的提高，内生比较优势也会增加。他们在一个交易成本和分工演进相互作用的理论框架中分析内生比较优势，将专业化和分工置于核心地位。随着世界经济的发展，学者们试图从更多的角度来分析国家间的比较优势。格罗斯曼和麦吉从人力资本配置的角度分析了各国的比较优势。他们发展了一个涉及具有相似要素禀赋的国家之间贸易竞争的模型，分析了人力资本的分配对比较优势和贸易的影响。他们发现，具有相对同质人力资本的国家生产的产品使用的技术特色是人力资本之间的互补性，而具有异质人力资本的国家生产的产品使用的技术特色是人力资本之间的替代性。

比较优势理论是在绝对成本理论的基础上发展而来的。无论一国是否具有绝对成本优势，只要存在相互之间的比较优势，国家间的自由贸易就可以使双方都获益。从理论分析的角度来看，比较优势理论涵盖了绝对优势理论研究的经济现象，说明绝对优势理论是比较优势理论的特殊形式。比较优势理论与绝对优势理论是一个特殊与一般的关系。将只适用于特殊情况的贸易模型推广至普遍存在的一般经济现象的理论分析，是李嘉图在发展古典国际贸易理论方面的重要贡献。

(三) 跨境电子商务的比较优势

一是为了在国际市场上获得竞争优势，利用信息技术的发展，国际贸易企业可以提供与其他竞争对手不同的产品或服务，或者提供更高质量和更多样化的产品和服务。这样就能建立"独特"的产品或服务系统，不容易被替代，或者形成与其他产品和服务相互补充的竞争优势。通过网络渠道与国际市场进行联系，打开了企业与客户和供应商联系的新窗口，方便了联系和销售，提升了商贸事务的效率。可见，使用跨境电子商务的企业相对于不使用跨境电子商务的企业而言，具备竞争优势。

二是在互联网空间，面对数字信息世界的国际市场，跨境电子商务企业能够敏锐地知晓国际价格波动，从而获取更多的商机，增强竞争优势。企业可以通过网络与外部市场建立紧密联系，将企业的发展经验战略与市场需求相结合。一方面，根据市场需求制定企业的经验战略；另一方面，与客户、供应商和消费者共同开发和培育市场。随着信息技术的进步，市场垄断、价格垄断和技术垄断都减少了，企业面临一个趋向完全竞争的市场。购买者倾向更理性地做选择，在电子商务的帮助下，采购者获得更多选择的机会，可轻松在网上对产品进行全面比较，而不仅仅关注价格。因此，在这种市场条件下，产品的非价格因素变得越来越重要。

三是传统贸易方式下，产品需要通过国内代理商、国外代理商、批发商和零售商等多个环节才能达到国外消费者，这增加了营销费用。然而，采用国际电子商务将缩短营销环节并降低贸易成本。通过在线传递和处理电子单证，既可以减少纸单证的制作费用，又可以缩短交单结汇时间，加快资金周转，节省利息支出。

通过跨境电子商务，贸易双方可以使用标准格式文件（如合同、提单、发票等）进行即时传递和自动处理，可以在线上直接完成订购、谈判、签约、通关、租船、结算等手续，从而缩短交易时间。此外，在传统贸易方式中，每个环节都需要人的参与才能完成，处理速度慢，甚至可能因为人为错误造成损失。

第三节 跨境电商在新时代的积极探索

自2008年开始的全球金融危机对世界经济造成了巨大困扰，导致国际采购需求大幅下降，尤其是中国制造业的对外出口受到了极大冲击。在这段时期，许多中国制造业主都被大额订单客户抛弃。例如，以前，浙江黄岩的一家木制挂件公司在出口高峰期一个月可以达到10个集装箱的销量，而在金融危机的冲击下，该企业最困难的时候，一个月只能出柜4个集装箱。传统的大额订单需求急剧下降，许多传统企业在这段时间面临着巨大的生存危机。

经济低迷也使各国个人买家更加积极地从中国这样价格低廉的国家进行国际网购。实际上，早在2008年之前，像国际B2C这样的小额外贸出口模式就一直存在，但直到世界经济危机发生，传统外贸渠道陷入困境，才真正将小额外贸推上中国外贸的历史舞台，并最终发展为推动中国外贸发展的新动力。

与传统的大额外贸出口订单模式相比，小额外贸具有小批量、多频率的特点，支付、物流和仓储等方面都通过在线方式实现。在这个小额外贸发展的特殊红利时期，许多贸易型和平台型企业抓住了市场机遇，在竞争不激烈的前提下迅速发展起来。小额外贸的互联网渠道发展与国内在线零售类似，包括自建平台型和进驻平台型。说到自建平台型跨境电子商务企业的成功案例，就不得不提及曾经的标杆跨境电子商务企业"兰亭集势"。

一、兰亭集势

（一）中国平台型小额外贸企业的标杆"兰亭集势"

郭去疾先生，兰亭集势（Light In The Box.com）的创始人，拥有非常出色的互联网职业背景。他曾在 Google 和亚马逊担任高管，对中国外贸市场变化的判断非常敏锐且准确：经济危机结束了低成本规模化生产的老旧外贸时代，世界消费者需要个性化的网络零售服务市场。正是基于这样的市场判断，兰亭集势于 2007 年正式上线。初创时，它在中国跨境市场独领风骚，主要关注电子等最畅销的产品类别。一开始，它的主要市场在欧美发达国家。2009 年，兰亭集势引入了跨境电子商务当时非常火爆的品类婚纱产品，并同时推出了法语、西班牙语、德语和意大利语版本。在这个时期，兰亭集势依靠中国制造的低价优势以及较少同质化竞争对手的条件，迅速发展壮大。兰亭集势作为中国外贸第一股在海外上市，对中国整个跨境电子商务产业的影响具有里程碑意义。它在那个特殊时期占据了市场的最佳位置，终于在 2013 年 6 月 6 日成功在美国纽交所上市。这一事件对中国整个跨境电子商务业绩的影响是历史性的。

（二）兰亭集势上市对中国小额跨境外贸的影响

1. 引发了中国社会对小额跨境电子商务的关注

很长一段时间以来，小额跨境电子商务都处于低调甚至边缘的状态。尽管作为外贸出口的模式之一，但始终备受争议，相关部门也持观望态度。此前，无论是中小企业还是政府，在兰亭集势上市之前，对小额跨境外贸的重视都相对较低。然而，兰亭集势的成功上市无疑为整个市场和众多外贸创业者注入了新活力。自从兰亭集势上市之后，中国的小额跨境电子商务得到了爆发式的发展。到了2015年，已经形成了完整的小额跨境电子商务产业链，包括支付、物流、仓储、培训服务等。此前仅依靠代工出口的中国企业也迎头赶上，短短几年内取得了惊人的销售业绩。深圳的小额跨境贸易圈里，年销售额几千万元已不再引人注目。政府也积极引导并评价这一发展，无论是产业、税收还是法律方面，都提供了许多鼓励政策。

2. 从小额外贸到跨境电子商务B2C的真正转变

如今蓬勃发展的跨境电子商务B2C，其前身就是小额外贸。很长时间以来，我们对跨境电商的理解也主要停留在小额外贸阶段，认为这种出口模式仅限于少数品类的小额出口。然而，兰亭集势的成功使跨境电商从小额外贸转变为跨境电子商务。兰亭集势起初只有婚纱产品线，但它迅速将产品范围扩大到电子产品、玩具、饰品、家居用品和体育用品等，持续发展，中大单交易随之而来，这体现了跨境电商的核心价值。兰亭集势依靠中国制造业的低价优势，并结合互联网技术，打造了一条创新高效的供应链渠道。在2008年传统外贸遭遇严寒的时候，跨境电商B2C规避了繁琐的传统外贸出口渠道，直接面向最终消费者，重新定义了客户和供应商的关系，创造了中国外贸的新价值，建立了线上供应链，实现了从小额外贸到跨境电子商务的转型。

二、小额外贸的探索之痛

尽管小额外贸具备优越的在线条件，但像其他新兴电子商务模式一样，它在初始阶段一直面临问题和争议。作为中国最早的跨境电子商务应用者之一，我国虽然在小额外贸领域取得了很好的成绩，但一直感到纠结和彷徨。小额外贸在创立初期存在着许多未解决的问题，并且国家对其政策并不明朗，因此许多从业人员都选择低调发展。以下是困扰早期小额外贸发展的几个关键问题：

（一）报关风险瓶颈

小额外贸的B2C模式通过在线方式直接与全球的终端消费者进行交易，类似现在的天猫，通过国际物流将产品发送给客户。然而，跨境贸易涉及国际出口运输，其中最核心的环节是出口报关，而小额外贸长期以来一直处于不合法和不合规的困境中。初始时主流的出口模式是集装箱出口，因此需要申请报关并开具增值税发票。小额外贸主要以个人零售为主，通常会选择不报关直接出口，以样品或礼品的方式进行。然而，这种出口模式在小额外贸初始阶段存在风险，而传统外贸的报关流程显然不适用于几美元甚至十几美元的小额外贸。

（二）国际物流瓶颈

初始时，小额外贸主要选择廉价的小包和大包作为国际物流方式。中国香港邮政的香港小包和大包是主要的物流渠道，因为传统的UPS、DHL等国际包裹物流成本非常昂贵。然而，当时中国香港小包存在许多问题，如某些地区无法查询快递物流记录等，导致经常发生包裹丢失且无法追究责任。

（三）假货问题严重

小额外贸模式迅速发展，特别是在制造业发达的城市如广州、深圳等地，吸引了素质参差不齐的卖家涌入该行业，造成了鱼龙混杂甚至盛行假货的局面。在某些小额外贸平台上，仿冒品和假货的比例甚至高达50%，这直接影响着初创小额外贸的国际声誉。许多国外买家购买到假冒伪劣产品后无法投诉，严重损害了中国供应商的整体声誉。

（四）税收问题

我国退税政策要求出口企业必须具备进出口经营权，出口货物离境必须报关，且出口收汇必须经过正规核销。然而，当初的小额外贸出口不报关，结汇没有经过正规流程，没有发票和核销，因此无法享受国家的出口退税政策。

这就是小额外贸在中国市场上的真实探索之路。当传统外贸在2008年的经济危机中受挫时，中国的外贸从业人员找到了一条逆袭突围的道路。尽管这种方式一开始经历了野蛮的增长阶段，但随着跨境电子商务的迅猛发展，国家和政府开始重视这个中国外贸的蓝海市场，并且对跨境电子商务进行规范化。

三、跨境电子商务的先行者——敦煌网

2004年,一个全新的综合性跨境电子商务平台"敦煌网"应运而生。这个平台对中国跨境电子商务的发展来说,具有重要的里程碑意义。敦煌网通过持续的开拓创新和广泛的教育普及工作,吸引了众多出口企业主加入跨境电子商务领域。

2014年9月19日,敦煌网迎来了成立10周年庆典,场地设在北京世纪剧场。记者曾经向敦煌网创始人王树彤询问了该平台的命名由来。她回答说,敦煌网在创建之初就确立了"促进全球通商,实现创业梦想"的使命,志向成为新丝绸之路上最重要的贸易驿站,帮助中小企业在平台上"买进全世界、卖遍全球"。因此,选择了"敦煌网"的名字。

初创阶段的敦煌网并没有得到市场的热烈反应。2004年,网站正式上线后仅仅半年的时间里,王树彤的100万元投资就全部耗尽。她回忆说那是最艰难的时期,网站经营亏损,很多员工离职,只有她一个人孤独地坚守着。幸好,她从未考虑过放弃。

到了2009年,敦煌网的小额在线外贸交易额已高达25亿美元。随着商业模式的成功,2010年4月26日,阿里巴巴决定投资1亿美元并正式进军小额在线交易市场,推出了阿里巴巴小额跨境贸易平台"速卖通"。这一举措标志着中国跨境电子商务发展上升至一个新台阶,并表明中国电子商务市场开始重视和认可跨境电子商务的未来。然而,对敦煌网来说,这意味着他们将面临强大的市场竞争对手。

（一）相对阿里巴巴而言，敦煌网具有一些优势

创新和想象力是电子商务核心竞争力的重要因素，而在此方面敦煌网走在了中国制造海外出口营销理念的前列。阿里巴巴的"中国供应商"产品虽然成为中小企业选择网络渠道海外出口和市场进入的主流，但它更多的是一个外贸信息平台，支付、物流、仓储等外贸交易其他环节仍然主要依靠传统方式实现。从本质上看，阿里巴巴只实现了电子商务在线交易的一部分，而敦煌网则努力实现了整个电子商务环节的在线交易。

中国未来将成为全球最大的跨境电子商务市场，这一点有以下核心原因：首先，中国的电子商务发展在全球处于领先地位。阿里巴巴、京东等像航母一样的电子商务巨头已经成功进行了市场教育，同时在中国建立了一套完整的电子商务基础设施。其次，中国仍然是全球最大的制造业基地，拥有丰富的制造业资源。最后，跨境电子商务的商店模式架起了制造业和世界终端消费者之间的桥梁，推动了中小企业的成长和发展。

中国的跨境电子商务发展经历了三个阶段：1999年至2004年市场低迷期，2004年至2012年市场上升期，以及自2015年至今的全面爆发期。敦煌网的发展恰好见证了中国跨境电子商务在这些年里的成长。

（二）敦煌网10年平台发展特点

1. 全球市场呼之欲出

想起当初中国的跨境电子商务最先把目标市场瞄准在美国，就好比"兰亭集势"最早只涉足美国市场做零售。选择美国作为起点，是因为那里庞大的市场购买力和美国人成熟的线上消费习惯。每年都有超级火爆的淘宝、

天猫"双十一",简直就是翻版美国的"黑色星期五"购物狂欢节。根据敦煌网官方的统计数据显示,2014年,敦煌网平台供应商已经达到了120万家,提供的消费品种类超过了3000万种。而长时间以来,来自美国市场的订单占总订单的80%以上。

中国的跨境电子商务可谓是从美国进军全球市场的佳作。随着跨境市场越来越成熟,目标市场也越发广泛。敦煌网已经拓展多个国家的业务市场,美国的购物市场仅占51%,而英国的消费比重攀升到了11.2%,加拿大的份额达到了4.86%。

2. 商品品类全覆盖,交易规模爆棚

中国的跨境电子商务平台都会从单一畅销品类入手扩展发展。同样,敦煌网的商品品类迅速增长,从最初的消费电子类产品、婚纱等传统跨境商品主导,已经发展到了多达3000万种商品,几乎涵盖了所有品类。平台商品品类的丰富是平台成熟和发展的标志。随着跨境电子商务购物模式的流行,平台的销售额也在这几年内迅猛增长。以最畅销的手机屏幕为例,2014年的销量较2013年整整增长了65%!这一切都显示出以敦煌网为代表的中国跨境电子商务在国内市场的蓬勃发展。

3. 专注于跨境B2B市场

敦煌网还有一个非常重要的特点是专注于跨境B2B领域。通过跨境小额出口帮助中国供应商开拓海外市场,而买家多集中在小B和B类客户。这与很多只依靠B2C的零售平台如eBay、Wish和阿里巴巴旗下的"速卖通"有很大差异。敦煌网从诞生之初就致力于帮助中国企业出口海外市场,这样独特的定位也让敦煌网在竞争对手中脱颖而出。

至于为什么敦煌网将自己定位为跨境 B2B 平台，这与创始人王树彤对电子商务的理解密不可分。王树彤认为中国未来将成为全球最重要的跨境电子商务市场。她的核心观点是，长期以来中国一直是世界制造中心，而跨境 B2B 可以直接为供应商带来海外销售量，而销售量正是每个中国供应商最关心的问题。

对中国跨境电子商务未来的发展方向，B2B 和 B2C 两者并重才是最合适的。跨境 B2B 的未来发展更多的是帮助中国传统的 OEM 企业实现从低端到高端制造的转变。对广大传统制造业经营者而言，跨境 B2B 模式更适合它们的发展。

4. 启动"M 计划"推动移动端发展

过去几年里，移动端的跨境电子商务以 Wish 平台为代表取得了巨大成功。作为中国历史最悠久的跨境电子商务平台，敦煌网为了更好地满足跨境市场的需求，并迎合移动互联网的潮流，推出了知名的"M 计划"。因为无论是传统电子商务还是跨境电子商务，移动端消费采购已经成为主流趋势。例如，2015 年阿里巴巴全球的"双十一"购物狂欢节，来自移动端的跨境采购比例增加了 20% 以上。目前敦煌网平台的移动网站 mdhgate.com 已经占据超过 40% 的流量，App 用户下载量也超过了百万。还有一个问题就是移动端 B 类市场在线交易额的问题，长期以来大家虽然普遍认为移动端交易的主流是 B2C，但是敦煌网创始人王树彤判断，移动端 B 类在线交易市场的规模不但不容小觑，而且中国供应商在这一市场中具有更大、更明显的优势。

（1）敦煌网的多语言跨境海外仓库计划

敦煌网作为中国跨境电子商务的先行者，始终认为中国的跨境电子商务发展有两个重要方向：第一是建设海外仓，第二是在目的国实现本土化运营服务。2015年7月，敦煌网正式推出了多语言和多站点的海外仓库项目，其中包括西班牙、俄罗斯、葡萄牙、意大利、德国、法国等站点。跨境电子商务目前最大的问题是两个方面：物流体验差（速度慢、破损丢失严重）以及销售体验不佳（产品纠纷和售后服务难以处理）。唯一解决这些问题的途径就是大规模建设海外仓，提高客户体验的最佳方式就是实现目的国本土化运营。海外仓的建设直接关乎中国跨境电子商务发展的核心。至少还需要5年时间使中国出口跨境电子商务真正成熟，并且决定性的因素就是海外仓的建设和在目的国进行本土化运营。

（2）敦煌网的在线物流、供应链金融和平台数据

敦煌网的创新之处在于整个外贸交易环节实现了在线操作。相较传统B2B电子商务平台，这些平台更多只是做交易前的工作，而对交易后的物流、供应链金融以及平台数据等方面并没有真正实现电子商务。敦煌网在这些方面一直走在前列。2013年，该平台推出在线发货物流服务，解决了跨境物流的根本问题，简化了发货流程。同时，平台与全球四大物流公司以及DHLINIK达成了合作协议，大大提高中国卖家在海外物流方面的价格和时效性优势。对国内小卖家来说最关心的融资服务，敦煌网与建设银行合作推出了"E保通"，与招商银行合作推出了"敦煌网生意一卡通"，与民生银行合作推出了"敦煌新E贷白金信用卡"。另外，敦煌网在P2P信用贷款领域也提供了很多便利的服务，这缓解了中国卖家资金不足和融资难的问题。敦煌网在跨境电子商务的运营能力和平台数据分析能力方面也非

常强大，为中国卖家提供了详尽的数据和分析，助力他们更好地分析和运营产品。

第二章 跨境电商的商业模式创新

第一节 国内跨境电商的主要运营模式

一、优势与痛点：跨境电商七大运营模式分析

首先，了解一下进口跨境电商的基本链条以及需要搞定的各路环节的关键节点，如图 2-1 所示。

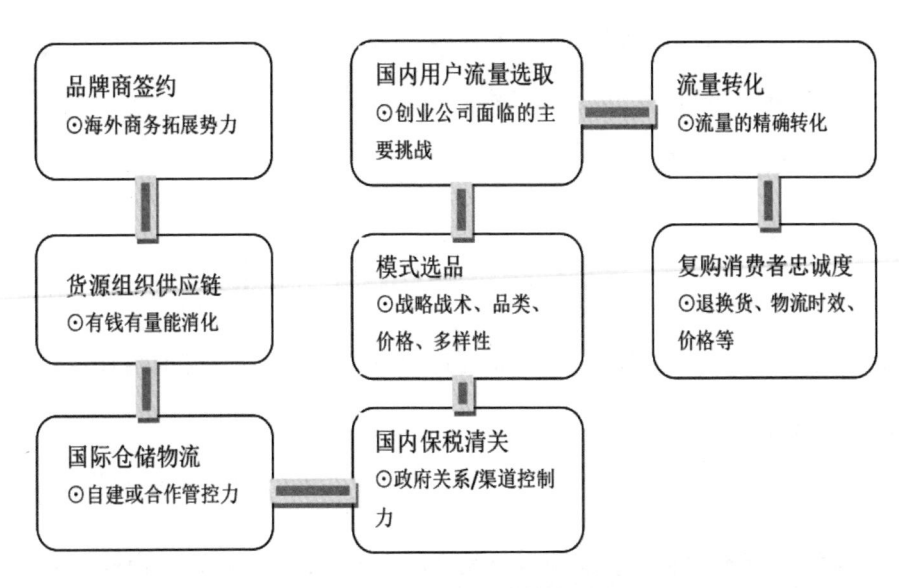

图 2-1 进口跨境电商的基本链条

下面来剖析各类进口跨境电商模式的优劣。

（一）M2C 模式：平台招商

1. 代表

天猫国际，利用自身强大的资金优势开始尝试直接引入国际品牌，打通供货渠道。

2. 优势

入驻商家为拥有海外零售资质的商家提供直邮服务，容易被消费者认可，并提供本地化的退换货服务，提升消费者的售后体验。

3. 痛点

这些入驻商家多为海外品牌商的代运营公司，产品价格较高，没有强大资金支持的跨境电商企业很难进入。

（二）B2C 模式：保税自营＋直采

1. 代表

聚美优品、京东。

2. 优势

跨境电商平台直接参与交易支付、货源供给、物流仓储等环节，加速交易流程并提升服务质量，尤其是通过"闪购特卖"与直邮的结合，有效解决了货源供给的问题。

3. 痛点

商品品种受到限制，主要以爆品产品为主，并且国内海关商检政策存在差异。例如，在广州化妆品和保健品是禁运品；资金链压力大，需要较大的资金支持来满足货源供应、物流清关、保税区建仓等需求；爆品利润空间已经被压缩到非常低的水平，但为了吸引忠实用户，这种模式必须继续使用一段时间，资金支持在这个阶段变得尤为关键。

4. 特例：母婴垂直类

母婴品牌在国内海淘市场中占据着重要地位，目前最成功的例子是成立于 2014 年 2 月的蜜芽。这类商品需求量大，购买频率高，容易形成忠实用户。母婴电商的关键是通过母婴产品建立垂直供货渠道，形成自己的品牌优势，并在此基础上向其他产品领域发展。然而，国内消费者对母婴品牌通常只选择几家爆款品牌，如花王、贝亲、努比等几个大品牌，并且消费者通常只购买原产地产品，这给母婴电商带来了很大的供货压力。

大多数母婴电商使用复合供应链供货，包括海外商超扫货、国内进口商、海外批发商和代理商等。他们面临着较大的供货压力，价格相对较透明。目前，有资金支持的电商巨头开始引入母婴品牌以吸引用户，而一些中小公司则在逐渐降低母婴品牌的比例，开始探索其他领域。

（三）C2C 模式：海外买手制

1. 代表

淘宝全球购、洋码头、淘世界，通过个人代购为主要形式，海外买手进入商家平台，产品多为长尾非标产品。

淘宝全球购整合了一淘、海淘等多个业务部门，目前已成为进口跨境电商 C2C 模式中的领导者。全球购主要面临的问题是由于海外买手存在导致的商品质量问题，如果想真正赢得忠实用户，就必须迅速解决这个问题。

2. 优势

C2C 模式优化了供应链，提升了产品的数量和多样性。自从工业时代过渡到信息时代以来，商业逻辑开始关注消费者、生产商差异化、多元销售渠道和经销商信息化。C2C 模式的个性化和人性化优势符合了信息时代消费者体验和个性化需求的需求，其发展前景非常好。

在移动互联网时代，社群经济的兴起使得商家开始关注满足不同消费者之间的差异需求。另外，社交媒体平台推动了人与人之间联系的紧密度，人们的生活变得更加移动、碎片化和个性化。商家面临着市场环境的巨大变化，如何让人们在面对大量产品时快速选择企业生产的商品成为商家的难题。

通过 C2C 达人模式，商家可以与消费者在情感体验层面上进行交流沟通，从而实现满足消费者个性化和定制化的精准营销。对平台来说，将买手打造成明星级的意见领袖能够通过其对风格和品味的影响力获得许多消费者的认可，从而产生情感共鸣，为平台创造巨大的价值。

B2C 注重产品与服务的标准化，并需要借助 PC 端的引流来形成规模效应。然而，在移动互联网时代，电商开始具备社交属性，商家创建消费场景。C2C 平台拥有大量商品种类，在这个时代将会大放异彩。

3. 痛点

盈利模式不够明确，仅靠广告投放和返点的盈利很难持续下去，由于买手是个人，消费者的服务体验得不到保障。目前，买手制平台的转化率长期保持在 2% 以下，如何实现快速转化并形成品牌优势是 C2C 模式的一大痛点。

(四)BBC 保税区模式

跨境供应链服务商与跨境电商平台合作，平台负责获取用户订单，跨境供应链服务商通过保税方式发货，将产品送至消费者手中，部分供应链服务商还提供供应链融资服务。

1. 优势

无需库存，没有销售风险，高效便捷。

2. 痛点

这种模式的跨境电商通常打着跨境电商的旗号，而实际上只是进行普通的海外贸易，长期下去很难有所发展。

(五) 海外电商直邮

1. 代表

亚马逊是一个代表性的全球领先企业。

2. 优势

强大的全球供货能力和物流体系。

3. 痛点

目前，跨境电商需要在国内市场取得销售转化的实力，并能够满足本地消费者的需求，这对亚马逊来说是成功跨境电商的关键。

(六)返利导购/代运营模式

1. 代表

这种模式可以分为两种：一种是与海外电商合作，代运营他们的中文官网；另一种是以海猫季为代表的技术型平台，通过开发系统工具，连接海外电商网站并提供中文翻译服务，帮助用户完成购买。

2. 优势

这种模式的优势在于门槛较低，无需大量资金投入，同时商品种类丰富，方便消费者搜索。

3. 痛点

长期来看，这种模式不但会面临商家大量进入后难以形成核心竞争力的问题，而且需要实时更新商品库存和价格等信息。因此，许多以这种模式起家的跨境电商企业已经转型。

（七）内容分享／社区资讯

1. 代表

小红书是一个代表性的平台，通过内容营销将社区用户转化为消费者。

2. 优势

小红书拥有强大的能力来培养海外品牌，在实现用户流量转化方面十分便利。

3. 痛点

小红书需要整合供应链能力，但缺乏资金支持。

二、跨境 B2C 模式：从"世界工厂"到"世界商店"

众所周知，中国是一个依靠制造业崛起的大国，在全球被誉为"世界工厂"。中国生产的产品种类繁多，质量好、价格实惠，因此得到了广大国外消费者的喜爱。

然而，在国外实体店购买中国产品有时候是困难的，并且一些产品从中国出口到国外,价格也会上涨,普通消费者无法负担。所以,国外很多消费者的需求得不到有效满足。国外是一个潜力巨大的消费市场,因此,跨境B2C模式的出现成为成功进入国外市场的关键。

在跨境B2C模式下,中国制造的产品可以进入更广阔的国际市场,海外买家更容易买到性价比高的产品。对国内企业来说,通过网络销售渠道将产品出口到国外市场,可以获得可观利润,为企业的长期发展提供重要的资金支持。

跨境B2C凭借自身的优势迅速发展,越来越多的企业开始把目光投向B2C,并准备在这个领域大展身手。兰亭集势米兰网、大龙网、踏浪者科技、易宝(DX.com)等公司是几个具有代表性的跨境B2C企业。如表2-1所示。

表2-1 具有代表性的跨境B2C公司

公司名称	成立时间(年)	公司规模	运营方向	融资金额	发展现状
兰亭集势	2007	1000人以上	涵盖服装、电子产品、饰品、玩具、家居用品等	截至2013年6月,兰亭集势已经完成了四轮融资,融资金额达5127万美元	奥康鞋业以每股ADS6.30美元,总计约7734万美元的价格收购兰亭集势25.66%的股权,成为兰亭集势的大股
米兰网	2008	300人以上	专注服饰领域以及周边产品	2011年在A轮融资中融到千万美元	入驻速卖通,全面发力移动端App
大龙网	2009	1000人以上	中国供应链合伙人	2014年完成3轮融资,投资金额超过一亿美元	开始重点发展海外业务
踏浪者科技	2010	500人以上	小额批发以及零售	不详	创始人杨兴建离职

| 易宝（DX.com） | 2000 | 1300人以上 | 主要销售电子产品、家庭用品等 | 2000年上市；2013年和2014年盈利下滑 | 2014年推出DX商城，进一步丰富了产品品类；2015年联盟主席转让了一亿股股份 |

随着跨境B2C的兴起，企业能够轻松解决将产品推向国外的问题，并从中获得可观的利润回报。这种巨额的利润吸引着越来越多的跨境B2C网站在不同领域迅速崛起。2013年，兰亭集势在美国上市，使得其他行业对跨境B2C的未来满怀期待。

然而，随着行业格局的变化，跨境B2C公司的热度渐渐消退，一度红火的局面逐渐退却，不再将重心放在B2C业务上，而是寻找新的利润增长点来发展公司。

（一）跨境B2C平台难以形成品牌优势

为什么跨境B2C在风靡一时后没有成功建立起自身优势呢？原因主要是消费者的重复购买率不高，导致海外买家往往通过搜索引擎来寻找商品，造成平台本身无法形成品牌，从而不但阻碍了企业在国外市场建立品牌影响力，也限制了销售范围的扩大。

因此，为了吸引更多消费者，许多跨境B2C公司不得不花费大量时间积攒访问量，有些企业则选择持续进行搜索引擎优化，如兰亭集势。虽然该公司在国内外贸易网站排名靠前，但产品销售过于依赖谷歌，一旦谷歌调整算法，兰亭集势的发展就很容易受到影响。

2011年，针对恶意影响搜索结果的问题，谷歌实施了新的算法，这导致以谷歌搜索为依托的跨境B2C公司的流量下降，甚至出现了曾经兰亭集势在谷歌搜索引擎上搜索不到的情况。

(二)跨境 B2C 平台,需要跨越三座大山

要想保证跨境 B2C 的顺利开展,企业首先应该解决好以下三大问题,如图 2-2 所示。

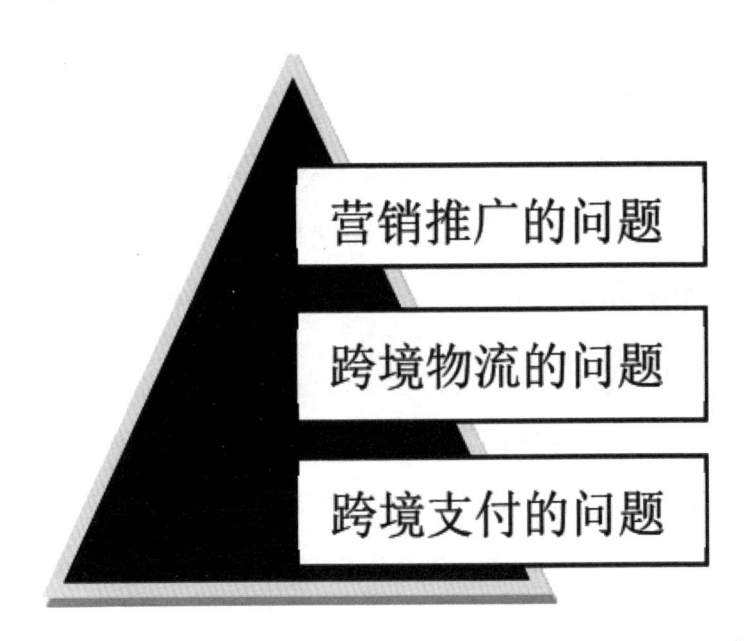

图 2-2 跨境 B2C 平台需要解决的三大问题

1. 营销推广的问题

在早期,大部分跨境 B2C 企业都倚赖谷歌来推广他们的产品。因为当时谷歌的推广成本相对较低,所以跨境 B2C 企业能够从中获得更多利润。然而,随着谷歌新算法的调整和推广费用的持续上升,越来越多的企业无法负担不断增加的推广费用。

此外,跨境 B2C 企业面临的挑战是,买家对购买的需求并不旺盛,再加上买家重复购买率低。如果没有推广产品,就很难让更多的海外买家了解到这些产品,也难以保证产品的销量,然而推广费用又无法承担。这使

得跨境B2C企业陷入了进退两难的困境。

因此,解决营销推广问题已成为众多跨境B2C企业亟待解决的首要任务。

2.跨境物流的问题

国际物流是将产品从国内运输到国外市场的重要环节,然而,跨境B2C的物流成本高且配送周期长。例如,一双鞋的价格是100元,在运到国外的物流成本可能达到200元,因此该双鞋在国外市场的售价必然会相应提高。同时,由于物流时间较长以及包裹损坏或丢失现象的发生,顾客投诉的问题很容易出现,这会对公司的信誉度和产品的销量造成影响。

3.跨境支付的问题

跨境B2C交易常用的支付方式有PayPal和信用卡。PayPal既安全又方便,且支付迅速。然而,许多B2C网站因各种理由被PayPal处罚,因此对PayPal情感复杂。同时,使用信用卡常常会面临透支和恶意购买等问题,导致额外损耗。

除了以上三个紧急需要解决的问题,跨境B2C公司还面临其他诸多挑战,如严峻的产业发展环境、B2C平台上传统供应商份额较小,采购量较少,以及B2C平台与供应商谈判能力不足等问题。

更重要的是,一旦跨境B2C开拓出有竞争力的行业,传统供应商有可能转型成为电商企业。随着市场份额扩大,平台的发展会受到限制,生存状况将变得更加困难。

问题的根源在于消费者购买产品时关注的并非平台本身,而是产品本身。对消费者来说,只要是同样的产品,购买平台无所谓,另外,由于产品在平台上很难形成品牌,无法让消费者对平台产生忠诚度,所以一旦其他平台提供更好的选择，消费者就会毫不犹豫地转向其他平台。

对传统企业来说，他们本身在产品方面就拥有自己的品牌优势，如果他们转型成为电商企业，很快就会在电商领域站稳脚跟，并且有可能成为压垮跨境 B2C 的最后一根稻草。

三、跨境 B2B 模式：B2B 跨境电商的运作模式

沱沱网，一家运营了大约四年的信息性平台关闭了，标志着整个模式探索阶段的结束。2012 年，阿里巴巴在中国香港退市，马云表示，在国内和国际经济环境进一步恶化的背景下，中小企业的发展速度将逐渐减缓。原材料短缺和劳动力成本上升给 B2B 业务模式带来了严重压力，如果不能及时转型升级，就可能面临存亡之危。

随着互联网的高速发展，经济社会发生了巨大变化。为了更好地适应这种变化，跨境 B2B 模式开始积极尝试新的探索。在过去十年中，已经投入了超过 1 亿美元的资金进行新探索。出现了一些代表性的信息性平台，如美连科技、ECW、沱沱网和万国商业网等。它们为外贸电子商务模式带来了创新改变，推动着跨境电商不断向前发展。

（一）跨境 B2B 平台的运作模式

一是以下是一些国内运行 B2B 模式的跨境电商平台：阿里巴巴、中国制造网、环球市场集团、敦煌网等。

二是关于跨境电子商务的物流解决方案，目前共有 5 种方式可供选择：快递、海外仓、专线快递、中欧铁路多式联运、邮政小包。然而，随着海外仓数量的增加，越来越多的跨境电商公司开始采用"跨境电商＋海外仓"

这种物流运营模式。海外买家，主要是企业级买家，通过跨境电商网站在线购买产品，并利用卖家在全球各地布局的本地化海外仓储和物流系统，更及时地将商品送到买家手中。

三是在跨境电商领域，可以使用银行转账、信用卡以及第三方支付等支付方式。在跨境电商的 B2B 业务模式中，主要采用传统线下交易方式，买家可以通过信用卡或银行转账来支付货款。B2C 业务模式主要采用线上支付方式进行交易，在这个领域，第三方支付工具得到了广泛应用。

四是全流程的 B2B 跨境电商服务平台几乎将销售、物流、金融、通关、退税、外汇、售后服务等所有环节都整合到了一个平台上。基于供应链整合和现代服务业的理念，该平台将银行、保险和商检等外贸环节的上下游资源整合在一起。通过遍布全球的海外仓和营销网络，结合传统外贸公司的经营优势和现代电子商务技术，为国内生产企业提供出口代理、面向全球市场的营销推广以及物流运输等外贸服务，有效解决了国内生产企业在产品出口方面的问题。

（二）跨境 B2B 两大创新模式

一个时代的结束同时标志着另一个时代的开始。跨境 B2B 创造了两种创新模式，即在线交易模式和外贸电商模式，这两种创新模式正在等待时间的考验。

首先，是在线交易模式。阿里巴巴的速卖通和敦煌网是在线交易模式的典型代表，在用户访问量和平台运营方面都具有优势，B2C 平台望尘莫及，阿里巴巴一年的服务费达到 16 亿元，虽然没有成立顺序上的优势，但却成为在线交易模式的领导品牌。

在线交易模式就是将商业地产模式引入在线 B2B 业务。一是需要建立一个平台，通过招商吸引企业进入；二是进行产业分工，不同企业拆分成不同的模块和领域。在推广过程中，联合多家企业进行推广，减少推广成本；在物流方面，商业对物流的预测提升了购物的物流体验；在支付方面，由于平台本身不是消费者，交易结算可以转为线下支付。这种交易模式提高了用户体验，吸引更多买家，提高买家的需求频次，购买周期更长，重复购买率也增加了。

其次，是外贸电商模式。从 2005 年开始，许多服务企业开始尝试运营外贸电商模式。同样出现了后来居上的例子，成立于 2009 年的环球广贸成功超越了 2005 年成立的四海商舟，成为外贸电商的领导品牌。

外贸电商模式为传统外贸企业进入互联网提供了利器，推动了传统外贸企业的电商化进程，并帮助它们构建了"前店后厂"的外贸模式，为传统外贸企业的跨境电商之路排除了障碍。

外贸电商模式符合买家的购买习惯，帮助供应商摆脱了无休止的价格战，带来了较高的毛利润，因此受到了供应商的欢迎，实现了快速发展。目前国内已经拥有上万家外贸电商企业，传统企业在其中起着重要的主导作用。在深圳和苏州，许多企业通过做外贸电商实现了年营收达上千万元的规模。

传统企业在转型为跨境电商时，由于在跨境电商方面的知识薄弱，需要专业的服务公司提供指导和帮助。专业服务公司可以为传统企业提供建站、高效推广以及资深的技术人员，并提升传统企业的外贸和外贸电子商务能力。

四、B2B 跨境电商的痛点、解决方案及发展趋势

2015 年，跨境电商成为一个备受关注的概念，在百度搜索排名持续几个月来居前三。由于国家推出一系列利好政策的原因，跨境电商迎来了新的发展机遇。根据艾瑞咨询的预测，2016 年跨境电商交易额将达到 6.5 万亿元，年均增速将超过 30%。

从跨境电商的进出口结构来看，出口占跨境电商交易比例的九成左右，对交易额做出了巨大贡献。连接国内品牌商与全球零售商和批发商的 B2B 模式依然占据主导地位，在跨境电商市场中拥有绝大多数的市场份额。因此，以出口跨境 B2B 为主导的外贸电商化成为未来的蓝海领域。

然而，跨境电商仍面临渠道缺失和信任问题。随着经济全球化程度进一步提高，中国的外贸环境变得更加复杂，给国内品牌商带来了更高的外贸经营要求，外贸发展仍然充满困难。

要解决渠道缺失和信任问题是十分困难的。在 1998 年，国内出现了一批早期的外贸 B2B 网站，如阿里巴巴和中国制造网等，它们为国内品牌商提供信息和促成外贸交易的服务。由于当时缺乏成功经验可借鉴，这些网站的服务并不专业和深入，无法有效解决物流和支付问题，导致线上交易转移到线下进行。

随后，B2B 交易平台开始出现，通过收取佣金实现盈利，敦煌网成为代表。从 2013 年开始，B2B 交易平台的服务范围逐渐延伸到交易过程中和之后，为品牌商提供更丰富的服务项目，如物流仓储和融资等。B2B 交易

平台逐渐成为一个资源整合平台。

跨境电商的快速发展暴露出了一些问题，特别是商人之间的交流障碍和信任问题。随着移动互联网的兴起，跨境 B2B 开始注重移动端的发展。基于移动端的跨境 B2B 商机平台应运而生，并迅速成长起来。例如，大龙网于 2014 年推出了自己的跨境电商 B2B 商机平台，通过移动互联网和外贸结合，帮助中国制造走向国际，为中国品牌的全球化梦想做出重要贡献。

在移动跨境 B2B 商机平台中，主要的业务方向是移动端的跨境电商 B2B 模式。通过提供跨境在线沟通交易 App 和线下网贸会，这些平台解决了跨境商人之间的交流障碍和信任问题。

现如今，全球贸易逐渐呈现小额和碎片化的趋势，基于移动端的订单增长迅速，移动跨境电商 B2B 平台成功解决了渠道缺失和信任问题，成为跨境 B2B 中最具发展潜力的一种模式。

跨境电商 B2B 领域已经逐渐呈现出以下三种趋势：订单碎片化成为新常态，中小订单数量不断上升；出口 B2C 模式存在一些问题，如导致国外进口商以及贸易商岌岌可危，且面临税收和社会稳定问题；跨境 B2B 拥有广阔的发展前景，可以推动中国传统制造型企业的转型升级，促进外贸和物流企业战略转型。

面对外贸形势的变化，跨境 B2B 需要及时调整和适应，以更好地促进国内进出口贸易的发展。通过跨境电商平台，国内品牌商可以减少中间环节，提高利润率。

跨境 B2B 的商机对接仍然是至关重要的，而移动端在这一过程中的作用越来越明显。目前，国内品牌商正在寻找海外销售渠道，而国外的批发商和零售商则在国内寻找货源，所以商机对接仍然是跨境 B2B 业务的核心。

随着移动互联网的快速发展和移动技术的不断提高，线上线下商务之间的界限变得模糊不清，出现了一种全渠道购物方式，实现了互联、无缝以及多屏的交流。

在跨境 B2B 方面，全球贸易正在朝小额化和碎片化的趋势发展，越来越多的外贸业务开始转向移动端。通过移动端，跨国交易可以轻松对接，卖家可以突破时间和地点的限制，在任何时候、任何地点开展业务。白天可以通过手机将产品图片上传到平台，晚上可以回复客户的询盘和接收订单，并且买卖双方之间的沟通也更加便捷。

移动跨境电商市场潜力巨大。除了像美国这样的发达国家具有巨大的市场开发潜力，一些近年兴起的新兴市场如东南亚、非洲和俄罗斯等也拥有广阔的市场开拓空间，为移动跨境电商的发展提供了更多增长机会。

五、跨境 O2O 模式：跨境电商 O2O 布局的四大类型

在过去的一年里，跨境电商非常火爆。不仅各个行业的企业都纷纷加入这个领域，各大投资家也将其作为重点投资项目，加快了对跨境电商的布局速度。那些专注于线上竞争的跨境电商们经过一番激烈的竞争之后，已经确定了自己的市场份额。部分跨境电商开始将目光转向线下市场，并引发了各种 O2O 模式的兴起。

有些专家认为，跨境电商 O2O 是一个虚假的命题。在这种购物模式中，让消费者亲身到实体店去体验和接触商品，虽然可以更好地了解商品，但只能看不能买的方式与消费者的购习惯不相符，所以消费者的转化率也不

高。同时，如果消费者可以在线下实体店直接购买商品，那实际上就是一般贸易进口，需要缴纳一般贸易货物税，并且必须经过商检，不再属于跨境电商的范畴。

无论跨境电商O2O模式是否虚假，已经有很多先行者在这个领域迈出了探索的步伐。实现这个目标的方法并不是唯一的，关键是如何从自身的特点和优势出发，开发或探索适合自己的模式，抓住消费者的热情和对这个领域的好奇心，培养形成一种购物习惯。

目前来看，国内的跨境电商O2O模式可以分为以下四种类型。如图2-3所示。

- 在机场设提货点：线上下单，线下取货
- 在保税区开店：融合展示与购买功能
- 在市区繁华地段开店：线下展示，线上购买
- 与线下商家合作，互相渗透

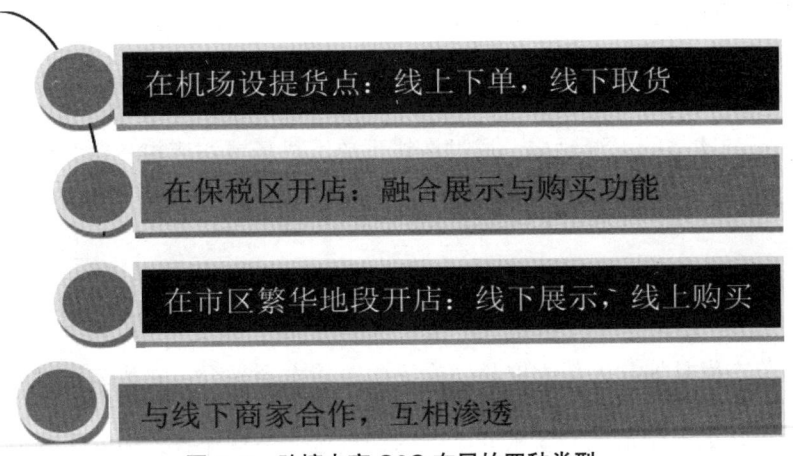

图2-3 跨境电商O2O布局的四种类型

（一）在机场设提货点：线上下单，线下取货

在2015年年初，天猫国际秘密地设立了一个O2O事业部，该事业部的主要目标是提供全球机场免税店服务。天猫国际运营的跨境电商O2O模式如下：在消费者出国前和旅途中，他们可以通过天猫国际购买海外机场免税店中的商品，然后在回国时，可以直接去免税店提货。

在国内其他电商企业中，除了天猫国际，进程旅行网也采取了在机场设立提货点的O2O模式。2015年2月初，进程旅行网推出了"随行购"网购平台，将旅行和购物结合起来。游客可以根据自己的旅行目的地，在"随行购"网站上选择相应站点的产品，并且可以选择在机场或酒店提货。

进程网的"随行购"服务已经在多个境内外机场设立了提货点，方便游客提取商品。境外提货点包括韩国、日本、中国香港和中国大陆，而且计划逐渐扩大到澳大利亚、新西兰和东南亚等热门旅游地。

引入免税店的商品不仅丰富了天猫国际网站上的产品种类，同时提升了消费者在免税店内的购物体验。例如，消费者不再需要花时间排队付款，有更多时间挑选自己喜欢的商品等。

进程的"随行购"服务可以称得上是一种精准营销，成功地实现了境外旅行和购物的无缝对接。通过在线下单、机场或酒店提货，为消费者节省了购物时间，并提升了购物体验。

（二）在保税区开店：融合展示与购买功能

美市库是加拿大新永安集团旗下的跨境电商平台，它代表了国内在保税区开店的典型形式。新永安集团的保税区店铺运作方式借鉴了仓储式超市的经营理念，店铺具备三种功能：一是作为货品存储的仓库，二是直接向消费者销售常规贸易进口的商品，三是展示跨境进口商品的陈列品。

对跨境进口商品，我们通过实物展示和平板电脑展示等方式，让消费者了解产品的详细信息，并可以在线上下单。在接收订单后，美市库会通过海外直邮或保税仓发货的方式，将商品直接送到消费者的家中。

美市库已经在天津、宁波和福州的保税区店铺开始运营，并取得了不错的业绩。未来，美市库计划在国内各大保税区设立自己的店铺，同时打算在一些繁华城市的核心地带开设分店。

（三）在市区繁华地段开店：线下展示，线上购买

2014年12月，中国的洋码头海外购物平台在上海开设了第一家线下体验店。这家店集合了美、澳、欧、亚四大洲上百个海外商家的近千件商品。虽然线下体验店的存在时间很短，并且选址在上海繁忙的南京路上，但其主要目的是为了促进品牌推广。

2015年初，美悦优选在广州市珠江新城春商场开设了第一家保税展示交易店。尽管在试营业期间受到了众多消费者的追捧，但也引起了业内的巨大争议。随后，体验店被迫停止了现场提货的服务，只保留了几件样品供顾客展示。顾客只能在店内体验之后，在网上下单，这让一些到店体验的顾客感到失望。

之后，美悦优选表示将在全国的大中城市复制推广保税展示店，并计划在2015年开设约800家线下店。其中，三成是直营店，七成是加盟店。线下门店分为两种类型，一种是直接销售商品的门店，既可以销售完税商品，也可以展示保税商品；另一种是纯展示店，主要通过海报、平板电脑等方式展示商品。

（四）与线下商家合作：互相渗透

蜜芽宝贝和红黄蓝教育机构合作宣布，他们将联合在全国300多个城市1000多家线下店铺进行拓展。红黄蓝园所将展示蜜芽宝贝的商品，消费

者只需通过手机扫描二维码即可直接下单购买。此外，消费者还可以通过蜜芽宝贝和手机 App 购买红黄蓝的早教服务。

未来，两家公司的合作会更深入，他们将在全国的儿童业态领域开设虚拟电商货架等合作模式，结合线下导购、套餐搭配以及促销活动来吸引更多的消费者，并增强顾客的购物体验。

除了上述典型的跨境电商 O2O 模式，还有其他很多企业开始将下一步的战略重点放在 O2O 领域。例如，在 2015 年 4 月，深圳联邦前海国际跨境保税购物展示中心在前海万科企业公馆进行试营业。五一期间，跨境商品直购商城风信子在广州南沙区设立的线下体验中心正式开业，河南中大门保税直购体验中心也正式营业。

信任不足是阻碍跨境电商发展的一个重要因素，其中包括消费者对海外商品质量的不信任和对购买渠道的不信任。设立线下体验店的目的就是让消费者亲身感受商品，以逐渐消除他们对海外网购的疑虑。在当前环境下，跨境 O2O 模式已经成为跨境购物的一种新趋势。然而，各种 O2O 模式的最终结果仍需时间来验证。

第二节 独立 B2C 跨境电商的盈利模式探索

一、关于 B2C 跨境电商的盈利状况分析

当一些网站口中喧嚣着"B2C 已经死了"或者"B2C 没有前途"的时候，跨境模式却在默默兴起，通过打通外贸产业链，各个细分领域中出现了一

些领军企业，寻求海外市场的生存空间。一般而言，这些领域的龙头企业，凭借自身优势，并通过差异化竞争来追求发展。

但是，这并不意味着各网站对 B2C 的判断完全错误。虽然跨境电商看起来发展蓬勃，实现规模经营，但盈利的瓶颈问题仍然存在，如果不能突破这个问题，这些论断就可能很快会变成现实。

在传统的外贸产业链模式下，商品从生产厂家到消费者手中，需要经过工厂、外贸公司、进口商、批发商再到零售商，而通过跨境电商重新构建外贸产业链，商品只需要通过在线网商、在线平台和海外商人，就可以直接到达消费者手中。省略了进口商这一环节，然而净利润却提高了数倍。

在这种背景下，越来越多的企业加入跨境工商行业中。然而，并不是所有的企业都最适合选择第三方跨境交易平台，因此 B2C 跨境电商逐渐崭露头角。经过努力经营，目前已经涌现出了一些大型 B2C 平台，步入了亿元级别的市场，如兰亭集势、环球易购、DX、大龙网、米兰网等。

这些领先企业在各个细分领域实施的模式，就是自己建立了在线商城，直接面向全球消费者。实际上，它们能够取得一定成绩的原因在于正确定位自身的优势领域，并在此基础上探索新的商业模式，以获取更广阔的海外发展空间。

以兰亭集势、DX 和环球易购为例，其盈利状况方面表现出明显的差异。兰亭集势的毛利率呈上升趋势，但整体仍处于亏损阶段，尽管亏损幅度在逐步缩小，DX 的盈利状况呈下滑趋势，而环球易购则通过稳定的发展实现了相对稳定的盈利，并且呈现稳步增长的态势。

那么，为什么 B2C 跨境电商的盈利状况会有明显的差异呢？外贸 B2C

企业的盈利点又在哪里呢？接下来进行深入分析。

（一）不同品类和成本优势决定了毛利率的差异

选择不同品类是决定 B2C 跨境电商企业盈利状况的核心要素。一般来说，合理的品类组合由核心优势品类和非核心品类两部分构成，前者是主要贡献高毛利率的，后者则起到吸引流量的作用。

品类的组合决定了兰亭集势、DX 和环球易购之间的毛利率差异：

1. 兰亭集势

兰亭集势逐步减少自己在 3C 电子产品这个不具备优势的品类上的投入，而将重点放在婚纱礼服定制和小配件等品类上。小配件有助于兰亭集势吸引流量，而婚纱礼服的定制能在降低成本的同时实现较高的售价，从而缓解 3C 产品低毛利率带来的负面影响，并逐步提高毛利率。

2. DX

DX 能够保持较高的毛利率主要得益于其强大的成本控制能力。DX 主要经营 3C 电子产品，在深圳电子产品基地的便利条件下，企业能以低廉的价格获得商品，从而以低成本换取高盈利。然而，在生产成本增加和竞争加剧等不利因素之下，DX 更应该意识到维持低成本的困难，并寻求其他方式来提高盈利能力。

3. 环球易购

环球易购的服装平台为其带来了许多高毛利率的产品，且公司拥有丰富的服装品类，同时 3C 电子产品吸引了很多年轻用户。环球易购通过丰富的 SKU、精准的推广和针对特定客群的定位，与消费者形成了紧密联系，使得企业在定价上具备与兰亭集势和 DX 不同的优势。

(二) 高销售费用和物流成本问题需要优化

对 B2C 跨境电商企业来说,高毛利率也意味着高销售费用。原因有两个:一方面,为了获取更多新用户,企业需要引入更多非核心品类,而在扩大产品范围的同时也需要增加营销成本;另一方面,跨境电商对搜索引擎有很大的依赖性,但谷歌每点击一次收费的定价规则不断变化,导致广告投放成本不断增加。

当然,不同外贸 B2C 企业高销售费用的原因也各有不同:

一是兰亭集势的高销售费用与其品类结构有关。由于婚纱礼服的重复购买率低于其他品类,兰亭集势需要拓宽非核心品类,这就带来了较高的营销成本。当然,在吸引流量成功后,重复购买率会逐渐提高,销售费用的情况也会得到缓解。

二是 DX 通过"论坛营销"的模式早早形成了较高的用户黏性,并在成本控制方面显示出很大优势。

三是而环球易购相比前两者,销售费用更高,主要原因是其营销方式主要集中在搜索引擎等付费流量上,且其在海外市场影响力有限,不得不加大营销投入的规模。此外,在整个跨境电商运营支出中,物流配送费用也是一个比较大的部分。那么,为什么物流配送费用成为跨境电商的一大开销呢?

原因主要有两个:一是 B2C 模式下,快递服务多以零散订单为主,相比国内,这意味着运输距离更长,配送效率较低,导致单位物流成本较高。

二是跨境电商面向海外市场，商品出口需要经过清关程序，普通小件包裹需要进行快件清关，而超过限额（600美元）的包裹需要经过贸易清关。相比之下，清关成本会大幅增加，如表2-2所示。

表2-2 跨境电商主要物流渠道方式成本及效率情况表

渠道方式	价格（元/每千克）	时间
邮政小包	80~90	30天以上
快递物流	120~130	7~15天
专线物流	100	15~30天
海外仓	100	7天以内

（三）跨境电商人才需求旺盛，推高人力成本

跨境工商行业对人才需求旺盛，这导致企业的人力成本上升。许多传统企业看到了跨境电商市场的前景，纷纷涌入该行业，结果是企业需要支付更高的人力成本，这对企业的稳定发展产生了不利影响。虽然在未来B2C跨境电商竞争中，人才将成为关键因素，但我们必须谨慎对待不断上升的人力成本对企业的负面影响。同时，为了缓解跨境电商人才需求的压力，企业应该引进更多优秀的海外人才，以实现企业效率的优化。

（四）跨境电商在不同发展阶段盈利会出现较大差异

不同企业在跨境电商的发展阶段中，会出现盈利状况有较大差异的情况。由于兰亭集势、DX及环球易购在品类组合、营销手段及运营支出等方面存在较大差异，所以它们的盈利情况必然也会不同。兰亭集势的目标是打造全球化的外贸B2C平台，因此会不断增加投资来扩大自己的优势品类，提升核心竞争力，而盈利并不是在平台转型期间兰亭集势所注重的内容。DX则凭借深圳本土化及低成本的优势，在前期发展阶段实现了不错的盈利。然而，由于DX只专注于3C电子产品，品类规模相对较小，无法在激烈的

市场竞争中占据主动权，因此盈利状况并不乐观。作为后起之秀，环球易购一直在扩大 SKU 和用户规模，这有助于保持较快的增长速度，并实现平稳的盈利增长。另外，环球易购也要警惕在加大营销和供应链投入之后可能出现的瓶颈期，因此未来的盈利水平仍需时间来证明。

二、独立 B2C 跨境电商的内在投资机会

（一）"价差"是出口跨境电商的根本动力

跨境工商行业是随着互联网的发展而兴起的，其发展得以依靠产品定价上的差异，也就是所谓的"价差"。这种价差与传统进出口贸易非常相似。在进口电商与出口电商中，除了价格因素，品牌和质量也是其长期发展的重要因素。

进口电商是指以消费者对品牌和质量日益重视为背景，利用国内外产品定价的差异来迅速发展起来的行业。例如，进口电商的代表性企业——海淘，销售的大多是高附加值或知名品牌的产品。国内外市场分销流通效率的差异是形成价差的根本原因。为什么国外的大牌产品价格较低，而在国内却异常昂贵呢？以美国为例：美国的流通体系比国内完善，产品定价本来就较低且降价速度较快，而国内品牌的终端定价再加上各种中间成本后就会翻倍。其中的"价差"正是进口电商获利的关键动力。

出口的外贸 B2C 企业经营的产品往往附加值较低，甚至是没有品牌的产品。相比国外产品，这些低附加值的产品更能展现出国内的价格优势。由于出口电商的目标客户多为中低收入人群，他们更关注的是价格的低廉，因此出口跨境电商并不太注重品牌和质量，而是以"价差"作为其发展的

主要动力。

（二）在"价差"的基础上，优选品类非常关键

B2C 跨境电商要想在激烈的竞争中占据主动地位，就需要不仅仅抓住"价差"这个根本动力，还要在品类选择上做出正确的决策，因为这关系到企业的盈利能力。相对国内电商提供各种各样的商品，跨境电商需要更加注重毛利率较高的品类，并且以个性化产品为主，来取代标准化产品。

不同的品类选择对企业的盈利能力产生着重大的影响，优选品类可以提升企业的盈利能力。举例来说，环球易购选择服装作为其核心品类，非标准化产品的丰富会使其获得更多的利润，DX 则利用地域优势主攻 3C 电子产品，只有通过规模化和标准化，才能够获得更多的毛利率。

此外，不同的品类选择还会直接影响到重复购买率。以兰亭集势为例，他们的核心产品是婚纱礼服定制，但这是一次性消费需求，没有很大的重复购买可能性。在意识到这个问题后，兰亭集势改变了策略，开始注重选择长尾产品，从而提高了消费者的重复购买率。

（三）对于独立 B2C 跨境电商，本土化难题应如何破解？

跨境电商要想真正发展起来就要立足海外，那么海外本土化就成为外贸 B2C 企业要破解的难题。本章将重点介绍如何通过改善产品体验和物流体验来实现海外本土化。

首先，在产品体验方面，企业需要严格把控产品品质。只有确保产品的品质可靠，才能赢得消费者的信任和好评。此外，个性化定制可以带给用户别样的感觉，形成企业的差异化竞争优势。对外贸 B2C 企业来说，个

性化定制不仅能满足消费者的个性化需求,还能提升议价能力。

其次,在物流体验方面,企业需要以本土化为基础进行改善。一方面,企业需要与海外消费者进行多层次互动,提高消费者的重复购买率。通过与消费者的互动,企业可以更好地了解消费者的需求,为其提供更贴心的物流服务。另一方面,采用 B2B2C 运营模式可以实现本土化。通过与国内公司和海外电商公司合作,企业可以利用海外仓囤货并进行本地配送,缩短配送时间,提供更优质的物流体验。

事实上,实现海外本土化不仅可以改善物流体验,还有助于拉近企业与消费者之间的距离。通过在海外建立本地化运营团队,企业可以更好地了解当地市场和消费者需求,并根据需求进行产品调整和服务优化。

除了探讨如何破解海外本土化难题,争论还将沿着三个方向挖掘内在投资机会。首先是 B2C 垂直领域,无论是第三方平台还是 B2C 跨境电商,都具备着自身的优势和特点。垂直领域依然具备诞生优秀创业的能力,通过整合上下游供应链、营销推广、本地业务能力、大数据挖掘以及提升用户体验等能力,B2C 垂直电商可以在自己的优势领域打造成潜力股。

再次,是品牌商正在加快国际化进程。随着互联网的发展,许多国内品牌企业通过跨境电商平台走向国际市场。外贸 B2C 跨境电商作为新渠道,为品牌商提供了与海外消费者近距离互动的机会。

最后,是服务商模式的兴起,这是伴随着 B2C 跨境电商发展而兴起的新模式。服务商模式包括仓储物流、信息系统、代运营、在线支付等服务内容。通过本土化仓储和其他服务内容的提供,企业可以为消费者带来更加优质的服务体验。未来,跨境电商服务领域还有很大的发展潜力,在服务价值链延伸方面将有良好表现。

综上所述，外贸 B2C 企业要实现海外本土化，需要改善产品体验和物流体验。同时，沿着 B2C 垂直领域、品牌国际化进程以及服务商模式等方向挖掘内在的投资机会，可以为跨境工商行业带来更多的创新和发展。

（四）兰亭集势：裂变式增长背后的逻辑

首先，兰亭集势具备了强大的供应链服务能力。作为整合中国供应链服务的在线 B2C 平台，兰亭集势与众多供应商和合作伙伴建立了稳定且长期的合作关系。这使得兰亭集势能够以更优惠的价格采购商品，并且保证商品的质量和供应的及时性。通过高效的供应链管理，兰亭集势能够满足消费者对各种品类商品的需求，提供多样化的选择。

其次，兰亭集势拥有丰富的商品品类。兰亭集势涵盖了服装、电子产品、玩具、饰品、家居用品、体育用品等十四大类商品，共计 6 万多种。这意味着消费者可以在兰亭集势平台上找到所需的几乎任何商品。无论是时尚潮流、家居生活还是儿童玩具，兰亭集势都能满足消费者的需求。这种广泛而丰富的商品选择也是其吸引消费者的重要原因之一。

最后，兰亭集势在全球销售市场上具备广阔的覆盖面。兰亭集势的产品销售地遍及全球两百多个国家和地区，其中包括以欧美为主流市场的地区。随着经济全球化的深入发展，新兴市场如南美、俄罗斯、印度等正迅速崛起。兰亭集势在这些新兴市场中开拓业务，将成为其未来的经济增长点。通过不断扩大销售市场的覆盖范围，兰亭集势能够更好地满足全球消费者对中国商品的需求，并提升自身在全球跨境电商领域的竞争力。

那么，兰亭集势何以发展得如此迅速呢？究其原因，是因其有着十分鲜明的核心特色，具体体现在以下三个方面：

1. 产品拓展以"长尾式"为主，毛利率持续优化

兰亭集势作为一个多元化的商品平台，其产品结构呈现出多样性。在服装品类中，兰亭集势特别擅长定制婚纱礼服，这一系列商品具有明显的优势。一方面，兰亭集势所售的婚纱价格相对较低，平均只需约300美元，与美国本土婚纱销售价格相比具有明显的优势。另一方面，兰亭集势提供定制化的服务，可以根据消费者的个性化需求进行量身定制。这种定制化模式吸引了众多海外消费者的关注并推动了他们购买兰亭集势的产品。

婚纱是一种特殊的商品，不同国家和不同人的审美观有差异，身体尺寸各不相同。因此，兰亭集势提供的定制化服务为婚纱出口业务打开了广阔的市场。量身定制的制作过程不仅使消费者感到满意，而且使婚纱跟上国际潮流和时尚，满足了消费者对美的需求。

然而，电商平台盈利能力离不开消费者的重复购买，而婚纱的重复购买率非常低。这对培养企业的用户群体来说是一个巨大的挑战。因此，近年来兰亭集势不断调整其产品拓展策略。

根据长尾理论，兰亭集势采取了多样化的产品组合，尤其是那些线下渠道效率较低、全球供应链并不完善的品类。这种策略有助于提高重复购买率。此外，兰亭集势还利用其定制化服务的定价能力，开创了新的发展阶段。

此外，在近年来兰亭集势销售的商品品类中，小配件工具成为收入最高的品类之一，因为它们具有较高的毛利率。相反，电子产品和通信设备

等核心品类由于毛利率较低，所占比例有所下降。这无疑是为了提高兰亭集势整体毛利率水平。

2. 打造高效的供应链体系，布局海外仓解决最后一公里难题

兰亭集势作为一家自主定价的公司，在供应链管理方面有着独特的优势。首先，在供应链的缩短方面，兰亭集势通过绕过中间的贸易环节，直接与制造商进行对接，大部分产品都直接从工厂进货，这样做在一定程度上能够节约进货成本。其次，兰亭集势将中国制造的产品按照海外市场的定价标准进行标价，并直接送达C端消费者手中，从而获得了高毛利的优势。

目前，兰亭集势的供应商资源遍布全国各地。根据不同的品类，供应商的地域也有所不同。例如，服装品类主要来自苏州，电子产品品类多来自深圳，小商品则以义乌为主要根据地。此外，兰亭集势为了更好地挖掘珠江三角洲和长江三角洲两个地区的供应商资源，分别在深圳和苏州设立了分公司。

兰亭集势建立了不同的合作模式，以区别定制品和非定制品。这样做既能够保证生产效率，又能够最大限度地降低库存风险。例如，对服装定制来说，兰亭集势的用户可以在两周内完成从下单到收货的整个过程。

在电子商务领域，物流配送的重要性不言而喻。兰亭集势也将物流配送作为建设的重点，与全球四大快递公司合作，使用他们的产品进行销售。此外，兰亭集势还采取了海外建仓的模式，以缩短物流配送时间，解决跨境电商的"最后一公里"难题。

总体而言，在全球范围内，真正需要建立海外仓的地区相对集中。主

要的国家包括美国、德国、英国、日本、俄罗斯和澳大利亚等。由于在德国、英国等国家建立海外仓所需成本较高，兰亭集势选择在波兰建立面向欧洲的海外仓，并于2015年年初正式投入使用。根据相关数据显示，海外建仓可以有效降低物流成本。

3. 走多样化营销渠道，重复购买率逐季提升

在跨境电子商务领域，网络推广是必不可少的一个环节，它所起到的作用是很关键的。时下，网络推广有许多手段，如搜索引擎、电子邮件、资源合作、信息发布、病毒营销、快速网址、网络广告、论坛推广、博客营销、百科营销、软文营销、友情链接等。这些手段可以有效提高企业在网络上的曝光度，吸引更多的潜在顾客。

在这些推广手段中，兰亭集势在搜索引擎优化方面做得尤为突出。搜索引擎优化是一种提高网站在搜索引擎内自然排名的方式，主要通过了解和实施搜索引擎的搜索规则来提高网站的排名。兰亭集势在此基础上开发出了一种新算法，能够发现关键字组合并进行相应调整，从而提高网站的可见性和访问量。

兰亭集势还与其他网站积极合作，并出让了销售提成的比例，以吸引更多访问量和内容。这种合作可以帮助兰亭集势与其他网站分享资源和流量，从而实现互利共赢。通过与其他网站的合作，兰亭集势可以获得更多的曝光机会和潜在客户。

随着信息技术的不断提高，社交网络也获得了井喷式的发展，并成为企业营销的一大核心竞争力。兰亭集势抓住了这一机遇，将产品信息等直接投放到各大社交网站，如Facebook、Twitter等。这样做的好处是可以与

世界各地的用户进行更多、更快地互动，并从中获得市场第一手反馈资料。通过与用户的互动，兰亭集势可以更好地了解他们的需求，及时做出调整和改进，提高营销效率。

为了进一步拉近与消费者之间的距离，兰亭集势在2014年收购了美国社交电商网站Ador。这种收购可以帮助兰亭集势更好地了解和满足消费者的需求，进一步提升用户体验和重复购买率。

兰亭集势不仅拥有产品优势，还通过多样化的营销渠道扩大了用户规模。仅在2014年第四财季，兰亭集势的用户规模就达到了230万。尽管在过去由于价格或产品的限制，重复购买力较低，但通过优化产品结构和用户体验，兰亭集势成功提高了重复购买率。近几年来，重复购买率显著提升，这进一步扩大了兰亭集势的用户规模和市场份额。

随着传统互联网向移动互联网的过渡，移动端逐渐成为人们获取信息的重要渠道。为了适应这一趋势，兰亭集势上线了两个App，分别是Light in the box与Mini in the box，同时推出了闪购业务（Sale Clock）和婚礼策划业务（In Time）。这些举措使兰亭集势能够更好地满足用户在移动端的需求，获得更多订单和收益。

兰亭集势上线的这些App及新业务都取得了不错的效果，为公司带来了相当一部分的订单。在全球电商争夺移动端市场的今天，兰亭集势将继续发挥移动社交领域的营销作用，不断挖掘其潜力，实现新的发展。移动端具有成本低、与用户多频次互动的优势，这对兰亭集势未来的营销策略和长远发展非常有益。

三、Deal extreme：低价策略＋论坛营销

首先，DX凭借其丰富的海外物流经验和优质的产品品质赢得了广大消费者的信赖。作为最早从事外贸电商的企业之一，DX在海外物流方面积累了大量的经验和资源。通过与各大物流公司合作，DX建立了稳定高效的物流渠道，保证了产品快速而安全地配送到全球各个地区。同时，DX注重产品的质量和性能，只选择优质供应商和品牌，确保产品的可靠性和耐用性。这种对消费者利益的高度重视，使得DX在跨境电商市场中树立了良好的声誉。

其次，DX以自身独特的网络技术架构和全网营销意识迅速占据市场。作为一家真正意义上的跨境B2C企业，DX早在2007年就自立门户，脱离了eBay这个平台，开始搭建自己的电商平台。通过自主研发的先进技术和完善的系统架构，DX实现了便捷高效的用户体验和订单处理。在全网营销方面，DX充分利用各种社交媒体平台和精准的广告投放，将产品推广到全球不同的目标群体中。通过有效的市场定位和推广策略，DX迅速吸引了大量的用户和订单，实现了快速的销售增长。

综上所述，DX作为国内第一家真正意义上的跨境B2C企业，凭借其丰富的海外物流经验和优质的产品品质赢得了广大消费者的信赖。同时，DX以自身独特的网络技术架构和全网营销意识迅速占据市场。这两点原因使得DX成为名副其实的外贸B2C中的翘楚，并在跨境电商市场中保持着强劲的发展势头。未来，随着中国跨境电商市场的进一步开放和发展，DX有望继续扩大其销售布局，并取得更大的市场份额。

（一）低价是 DX 始终坚持的突出优势

根据输入的主题内容，本章进行了如下扩写：

DX 坚信低价是形成规模的关键，只有形成规模才能够获得利润。为了践行这一理念，DX 在创建之初就采取了一系列措施。首先，他们设置了比价功能，旨在做到全网最低价。此外，对于重量在 2 公斤以下的电子产品（即国际小包），DX 还提供免运费的服务。这样一来，DX 的 3C 产品单价基本上是市场上最低的。

尽管 DX 的价格低廉，但他们借助之前在海外物流积累的客户群体，成功形成了稳定的采购订单规模。此外，位于深圳的电子生产基地也为 DX 创造了先天优势。这些因素帮助 DX 实现了较高的毛利率。

与其他电商平台不同，DX 并不追求品类扩张的规模化增长。他们将重点放在了 3C 电子产品和配件的销售上。即便近年来扩展了美妆、户外等新品类，也是为了扩大用户规模。尽管 DX 的商品种类远远不及兰亭集势，但品类的稳定性却使得 DX 与供应商之间建立了稳定的合作关系。这也使得 DX 能够以相对更低的价格获得商品供应。

（二）独具特色的"论坛营销"是 DX 的制胜法宝

DX 的网络营销手段极其省钱，主要通过利用 Google 等上游流量来获得关注。尽管 DX 每月只投入不超过 1000 美元的 Google 关键词预算，但仍能够获得 9% 的流量。这是因为 DX 选择了低成本的长尾关键词，这些关键词的价格虽然低于 1 美元，但带来的效益却成倍增长。

然而，DX 真正成功的营销方式在于其独特的"论坛营销"。通过在论坛上发布产品信息或折扣信息，DX能够吸引用户的注意并提高用户黏度，而这种营销方式的成本却较低。同时，DX还通过创建自己的论坛来汇集电子产品爱好者，从而进一步提高了用户黏度。据统计，通过论坛所积累的口碑，DX的重复购买率已经超过了40%。

四、环球易购：小平台如何能脱颖而出

环球易购和DX样成立于2007年，是国内领先的出口跨境零售电商企业。这两家企业主要采用买断式自营方式进行海外直销，致力于推广中国制造。环球易购在过去几年中展现了强劲的发展势头，通过打造各类垂直B2C电商平台，如服装类平台sammydress.com和3C电子产品类平台everbuying.com来拓展海外市场。这些平台的成功帮助环球易购实现了可观的收入规模增长。在2013年，环球易购的收入规模达到了4.66亿元，并且同比增长了135%。令人欣喜的是，环球易购的销售额正在持续增长，尤其是在2014年第一季度，销售增速更是达到了100%。

目前，环球易购已经成功覆盖了全球200多个国家和地区的市场。然而，在目前来看，欧洲和北美洲是环球易购最主要的销售市场，两者的收入占据了总收入的80%~90%。这也验证了环球易购对这两个市场的高度重视和专注程度。

环球易购有着稳定的购买群体，这些购买群体主要是年轻人，他们不但具有高度的网络接触率，也更容易接受新颖的购买方式。据统计，环球易购的注册用户已经超过了600万，其中sammydress.com的注册用户超过了260万，everbuying.com的注册用户也达到了120万。而实际购买用户

规模也超过了 200 万。此外，2013 年达到 43% 的重复购买率和不断增长的月均客单价，进一步反映了环球易购良好的用户黏性。

虽然相较兰亭集势和 DX，环球易购的知名度稍逊一筹，但是它却以无可阻挡的势头成为一个极具规模的跨境电商企业。环球易购整个发展过程中展现出了速度迅猛且充满潜力的特点，未来的发展前景是非常广阔的。像环球易购这样迅速壮大并占据市场地位的企业，肯定拥有独特的优势和特色。下面我们将进行深入分析，并探讨其成功之道。

（一）拥有多个垂直品类销售平台，定位不同消费人群

环球易购是一家综合性电商平台，其主要设置了多个专业品类，如服装综合、婚纱礼服、复古服装、小语种和消费电子等。为了更好地服务这些品类，环球易购通过自建平台的方式为每个品类建立了独立的电子商务体系。其中，Sammydress 和 Everbuying 是该平台最核心的两个品牌。

通过精细的网站定位技巧，环球易购能够准确吸引各类消费群体。这种精准化营销策略帮助环球易购实现了更高的销售量和更广泛的用户覆盖范围。

此外，环球易购还与 eBay、Amazon 等第三方平台合作，通过在线 B2C 销售进一步提升了销售额。这种合作不仅扩大了环球易购的市场份额，也为用户提供了更多的购物选择。

总之，环球易购通过设置多个专业品类并建立独立的电子商务体系，以及与第三方平台的合作，成功实现了精准化营销和扩大用户覆盖范围的目标。这使得环球易购成为一家备受消费者喜爱的综合性电商平台。

（二）拥有丰富的 SKU，有利于规模扩张

环球易购作为一个在线购物网站，其商品种类非常丰富。无论消费者有什么样的需求，都可以在该网站找到合适的商品。截至 2014 年第一季度的数据显示，Sammydress 的库存量达到了 15 万个 SKU，而 Everbuying 更是达到了 12 万个 SKU 的规模。将两者重复的 SKU 结合起来，我们可以发现，环球易购目前已经有了 21 万个不同的 SKU 可供选择。这种丰富多样的库存使得环球易购的规模得到了迅速的扩张。

对一个购物网站来说，SKU 的多样性是吸引消费者长时间浏览和购买的关键要素之一。只有当网站拥有大量的 SKU，才能提供给消费者更多的选择，同时满足他们的多种需求。环球易购通过不断补充和更新商品，保持了丰富充足的 SKU 数量，从而吸引更多消费者留在网站上浏览并最终进行购买。

（三）充分利用数据挖掘，进行大数据分析与精准营销推广

根据环球易购的经营模式，可以看出他们充分利用数据的作用来实现精准运营。他们借用了 Facebook 和 Google 等平台来获取数据，并通过对用户行为和消费者兴趣的分析，实现了广告投放效益的提高。

环球易购的流量来源非常多样化。除了通过自然搜索、邮件营销和引荐流量等免费途径获得流量，他们还通过联盟广告和在线搜索这样的付费途径来增加流量。然后，通过火数据分析，他们不断降低单位点击成本（CPC）。这种数据驱动的精细化运营策略使得他们能够更好地提升广告投放的效果。

为了进一步提高营销精准度，环球易购还充分利用了 SNS 等新兴的营销方式。他们通过数据证明了精准营销可以带来良好的转化率。据统计，2014 年第一季度，环球易购的转化率达到了 1.66%，位居外贸 B2C 企业的前列。

以环球易购旗下的 3C 电子商品平台 everbuying.com 为例，它的日均访问量高达 10 万人次。从 2014 年 6 月的流量构成来看，直接访问流量占比高达 45%，其次是社交流量，占比已迅速提升到 23%，而 Facebook 成为社交流量的最主要来源。这说明随着移动互联网的发展和社交媒体功能的丰富，社交平台已经成为跨境电商的重要阵地。对 SNS 营销的重视程度也达到了一个新的高度。

第三节　跨境电商发展模式存在的问题及对策

一、国外贸易保护主义对跨境电商的影响

跨境电商 2.0 时代已经开启，网络渠道和营销推广的重要性逐渐降低。一些战略思想再次得到重视，如多渠道运营、供应链柔性管理、国际品牌战略和本土化运营策略等。

在跨境电商领域渐渐站稳脚跟的企业，如特步和奔腾电器虽然代表着新的发展模式，但实现"从买进全球到卖向世界"的目标还有很长的路要走。传统企业、制造业和零售商急需加快步伐，以抓住跨境电商的机遇，促使中国品牌国际化与中国经济崛起的目标成为现实。

市场的趋势在变化，旧有的发展模式和战略需要转型以适应这些变化。未来的跨境电商发展模式呈现出新的形势。

目前的跨境电商都是以国内为基础、向国外发展。这种模式带来了物流滞后和不稳定的问题，导致当地消费者购物体验差和售后服务无法得到保障。这使得中国的跨境电商在与国外本土企业的竞争中处于劣势地位，限制了跨境电商的发展进程。

跨境电商自诞生以来，一直以迅猛发展的态势持续增长，如今可能已达到临界点。许多国家为保护本地企业限制跨境电商，制定了相关政策。

举例来说，出口目的地国家加强监管和检测力度，从最初的任由发展到现在的严格控制。尤其是邮政小包的监管更加严格。例如，在中国出口方面，海关第33号令取消了样品和广告品的税收优惠，要求货物在交付收货人之前进行验货；针对进口，第43号令将个人邮寄进境物品的征税起点从500元降低到50元；2016年3月颁布的跨境电子商务零售进口税收政策取消了消费50元以下免税的政策；一些国家还对代购的转运公司进行限制，对其业务规模造成重大打击。2011年11月初，英国将进口税的起征点从原来的18英镑调整为15英镑。

跨境电商受到的影响远不止于此。现有模式的跨境电商发展到一定程度后，会出现量变引起质变的情况，带来一系列行业和部门的变化。为了保护本地企业和经济，出口目的地国家将下更大决心遏制跨境电商的发展。

（一）逃避关税

小额外贸常常会利用一些政策上的漏洞来逃避关税，这种行为的累积也会对一些国家的海关部门的收入产生较大的影响。低关税国家、自由港以及经济共同体，如欧美、中国香港等，受到逃避关税的影响相对较小。然而，对非洲、中美洲等主要依靠海关收入支撑财政的国家来说，逃避关税的影响非常严重。因此，在不同国家之间，跨境电商所面临的待遇存在明显差别。

澳大利亚在2014年3月再次引发了一场讨论，讨论的内容是是否对跨境网购者征收最低20美元的货品服务税（GST），免税上限为1000美元。结果是，跨境网购者需要为自己的跨境网购支付额外的10%费用。澳大利亚政府表示，对跨境网购征税将使各州每年获得超过10亿美元的税收。然而，从另一个角度看，加强监管力度将导致部分税收被消耗掉。

根据印度海关的新规定，对低申报行为的监管力度将增强。乌克兰海关规定，由寄件人支付运费的货物必须在申报货值的基础上明确标示出运费金额，并且发票的总金额必须包括运费在内。发货人在发送价值类货物时，必须严格遵守7项规定，以防止清关延误和罚款惩罚。

（二）逃避商检

由于小额外贸的货物价值较低，因此他们常常回避商检以降低成本。与此同时，一些国家的个人邮寄政策使得检验检疫方面的程序通常比传统外贸更为宽松，这导致了商品质量无法得到充分保证。

由此可见，商品质量问题很容易在特殊产品（如食物、母婴产品、儿童玩具和宠物等）上放大，并引起消费者的忧虑。因此，各个国家必定会加强对跨境电商的管控，这对从事跨境工商行业的从业者带来了一定的风险。

（三）逃避非关税壁垒

考虑到全球贸易规则的演进以及各国经济发展的需要，关税限制已经逐渐减少。然而，各种曲折多变的非关税壁垒依然层出不穷，涉及各种许可证和质量认证，形式千差万别。

与此同时，小规模的跨境贸易常常会利用政策漏洞，从而引发各种行业政策的变动，甚至需要进行宏观经济政策的调整，这将给跨境电商企业带来重大损失。

以 2014 年为例，由于阿根廷汇率和通胀问题严重，政府不得不推出一系列政策措施，包括对网购进行管理，所有跨境电商购物将不再提供送货服务，所有商品都要统一由海关代收。此外，免税额度也被调整为 15 美元，超出部分将被征收 50% 的关税。

二、应对策略：实现品牌本地化运营模式

贸易自由化的阴影在跨境电商背后投下，通过各种渠道，在全球范围内自由传递着海量国际包裹。这种自由流动有可能打乱国家之间的贸易平衡与经济秩序，进而引发新一轮各国市场份额的重新分配。

一些经济不发达的国家和跨境电商环境不成熟的国家注定处于劣势。发达国家的品牌在跨境电商领域占据强势地位，它们是自由贸易的坚决支持者。中国作为制造大国，承担着世界工厂的角色，跨境电商的顺利发展必将给中国带来巨额红利。然而对俄罗斯、澳大利亚等国来说，跨境工商行业的发展并不乐观。

俄罗斯不仅规定了价值超过 7000 卢布（约合人民币 767 元）的国际包

裹要缴纳30%的关税，而且严格限制了DHL和UPS等快递公司的包裹数量，规定同一天最多报关进口5次。这是自阿根廷限制跨境电商以来，又一个国家出台的限制政策，旨在保持本国零售业与国际竞争者的竞争优势，同时减少本国资金流失。

与此同时，澳大利亚虽然在出口方面遇到困境，但进口跨境电商规模却不断创新高。2007年，澳大利亚的在线零售规模超过270亿元，到2012年，总规模接近460亿元，其中超过75%是由进口跨境电商带来的。本国的零售商不断抱怨，再加上经济持续低迷，澳大利亚的政客们开始限制跨境电商的发展。

（一）各个国家配合困难

想要跨境电商快速发展，需要依靠国家在产业价值链上的支持，包括政策和基础设施。这包括提高国家的清关报关效率，包裹处理和分拣能力等方面。然而，当前全球经济的不景气导致一些国家无心处理跨境电商的事务，而资金匮乏则使得其他有意发展跨境电商的国家力不从心。

此外，限制跨境电商企业发展的一个重要障碍是各国在海关质检、税收和监管等方面标准的严重差异。各国往往倾向按照自己的贸易管理方式来进行管理，缺乏国家层面上的积极配合，使得跨境电商在各种限制条件下难以生存和发展。即使市场需求旺盛，跨境电商也很难在夹缝中生存并取得较大成功。

国家对跨境电商持有不同态度将对其发展产生决定性影响。国家对跨境电商的态度很大程度上取决于跨境电商对本国经济的影响。在这种情况下,传统的跨境电商邮政小包模式注定要受到国家的限制,其生存空间将变得越来越小。未来,跨境工商行业将会出现亚马逊的FBA、阿里速卖通的渠道整合、eBay的物流整合等巨头之间的激烈竞争。

然而,传统的跨境电商模式在短期内不会消失。一些从事跨境电商的商家可以通过利用第三方交易平台和各种网络推广和营销手段实现一定程度的发展。但对有野心的创业者来说,需要注意的是,传统的跨境电商模式的生存空间将被不断压缩,甚至在未来几年可能会完全退出历史舞台。

(二)应对策略:实现品牌本地化运营模式

为了实现中国的国际化品牌战略,跨境电商需要依靠一些实力雄厚的传统品牌企业和零售商。这些传统企业必须站上国际舞台,并利用他们多年来积累的品牌优势和经营策略在跨境工商行业展示中国企业的风采。当他们能够成功地将自己精心培育的品牌推向全球市场时,中国的国际化品牌之路将变得更加顺畅。

奔腾电器是中国国际化品牌和跨境电商企业中崭露头角的代表。他们从之前的代工商发展到了现在的品牌商,积累了丰富的品牌优势。利用跨境电商的发展机遇,他们有望迈入国际舞台,成为中国的新生力量。

为了实现这一目标,奔腾电器应该学习并吸收其他优秀国际化电商企业的运营策略。首先,他们可以选择一个适合自己的第三方平台作为线上销售渠道,并结合官方平台的运营策略。同时,他们应该找到一些容易进入的地区,以实现品牌在当地市场的本土化运营。

未来几年将是传统企业布局跨境电商的重要时期。通过收购电商企业，传统企业和零售商可以加速自己的电商化进程，迅速占领市场份额，并逐步扩大自己在行业中的领导地位和话语权。

因此，国内的创新品牌甚至是在跨境电商领域占据绝对领先地位的企业也面临被收购的风险。一些企业已经开始了收购的步伐，充分利用他们雄厚的资金支持，如环球易购被百园待业收购，运动品牌安踏也表达了收购跨境电商的意向。这引领了传统企业转型升级的新浪潮。

一些实力雄厚的传统企业应该着眼于全球舞台，不仅仅局限于海外仓建设和本土化运营。他们应该善于利用资本的力量，积极参与收购和兼并，以抢占海外市场。通过与当地企业展开竞争，控制国外的主流销售渠道并争夺媒体资源，这些传统企业可以在海外市场上展开公关攻势，吸引当地消费者的注意力。

三、外贸企业转型跨境电商的认知与思考

由于我国电子商务环境的成熟，商务部也开始采取各种支持和促进措施，促进跨境电商的发展并将其作为我国进出口贸易新的增长点，推动国内外贸的转型升级。

在良好的政策环境下，越来越多的传统外贸企业开始转向跨境电商，并且随着国内电子商务市场饱和，有实力和优秀的电商企业越来越多地进军国际市场，开展跨境电商业务。

然而，跨境电商与一般电商存在许多差异。因此，许多电商企业在转型为跨境电商时容易犯错误。那么，对跨境电商新手来说，如何有效避免

这些错误，以及如何在跨境电商领域取得成功呢？

（一）跨境电商在不同市场上的产品定位

无论是传统企业还是普通电商企业，在进行跨境电商转型时，首要任务是解决产品定位问题。跨境电商简单来说就是将产品销售到海外，然而同一款产品在不同国家或市场都会有不同的受众群体。因此，为了迎合不同受众群体的喜好，就需要根据消费者的具体需求调整产品的包装和概念，也就是解决产品定位问题。

以经济发达的欧美市场为例，这个市场也是外贸竞争的焦点。然而，并不是所有产品都适合进入欧洲市场。调查显示，服装、家具、食品、石材等生活用品类的进口产品在欧美市场持续增长。对灯具这类产品，应将欧美市场视为主要竞争领域，并建立自身的竞争优势。例如，德国和美国都是重要的汽车制造国家，可以重点推销HID和LED汽车光源。在英国、法国等更富有人文和浪漫气息的国家，装饰灯具市场会更广阔。

因此，市场定位虽然看似简单，但需要进行仔细调查和研究，才能明确更精准、专业的定位。准确的市场定位也是跨境电商发展的起点，可以帮助企业避免走弯路，实现更快的成长。

（二）跨境电商与一般电商的差异

传统外贸和一般电商与跨境电商在发展方式上有很大不同。传统外贸通常会走"先内后外"的道路，在本土市场稳定之后才会考虑拓展海外市场，而跨境电商则没有这个区分。相对传统外贸和一般电商，跨境电商面临着更加复杂的市场环境。不同的国家有不同的文化背景，在不了解目标市场的文化环境的情况下很难将产品推销出去。因此，跨境电商需要一个长期而系统的产品建设过程。

例如，关键词在淘宝已经形成一定的模式，所以很多商家在设置跨境关键词时，会想到直接翻译国内电商的关键词而实际上这样做是不正确的。虽然都是使用英语，但是不同的国家有不同的语言使用习惯，另外文化差异也非常大。那么商家应该如何处理好跨境电商的关键词呢？

首先，商家需要根据产品来确定英文关键词。每种产品的英文关键词可能会有很多叫法，商家需要找到不同地区对产品关键词的习惯性叫法。其次，根据关键词找出买家在搜索时可能使用的相关长尾关键词。

以阿里国际站为例，标准化是未来的主要趋势之一。因此，产品信息的标准化、产品橱窗的顶层规划设计，以及以关键词为导向的方法将成为覆盖行业关键词的三个方面。另外，这也是提高产品发布评分的关键。评分越高，产品信息在搜索中的排名就会越高，更容易引起消费者的注意。

关键词设置只是其中一个差异。跨境电商虽然与一般电商都属于电子商务，但是在实际的操作和运营中存在巨大的差异。不同行业面临不同的情况。因此，商家在做跨境电商时应该积极探索，不断积累经验，寻找行业的突破点，这样才能成功发展跨境电商业务。

四、跨境电商运营常见的误区

跨境电商运营常见以下 4 个误区：

（一）误区一：并不是所有的产品都适合做跨境电商

中国制造的优势使得跨境电商出口的产品在国际市场上开拓销路，如标准化的电子产品和相关附件，还有价格低廉的服装配饰等。这些产品有一个共同点，就是它们的生产基地大部分都位于国内，这使得它们在成本和利润方面具备更多的优势。

然而，要从事跨境电商，我们需要解决物流配送和清关障碍等问题。从物流方面来看，体积庞大、超重或者易碎的产品并不适合跨境电商，因为这会带来更高的物流成本，对很多小商家来说并不划算。

（二）误区二：做跨境电商不知道该选择 B2B 还是 B2C

目前，国内跨境电子商务主要有两种主要的贸易模式，即 B2B 和 B2C。

在 B2B 模式下，企业通过广告和信息发布的方式来宣传和营销产品，在线下进行成交和通关流程。这种发展模式还没有完全脱离传统贸易的影子，属于海关的一般贸易统计范畴。虽然 B2B 模式具有一定的优点，但也存在一些缺点。

B2C 模式下，企业直接面对国外消费者，直接向其销售个人消费品，并通过航空小包、邮寄、快递等方式将商品配送到消费者手中。报关主体一般是邮政或快递公司，不会被海关登记入册。与 B2B 模式相比，B2C 模式的优势更加突出。

对跨境电商的新手来说,选择适合自己的贸易模式非常重要。理论上来说,企业应根据产品本身的性质和销售状况来选择合适的模式。然而,对跨境电商的新手来说,B2C模式更加适合。因为B2C模式相对来说更简单,无需太多的前期投入和复杂的通关流程,可以更快地开始销售并积累经验和口碑。

当企业在国外市场具备一定规模之后,可以考虑采用B2B模式来扩大业务和获得更大的效益。通过B2B模式,企业可以与其他商家进行合作,建立稳定的供应链和销售渠道,实现更高的利润。

(三)误区三:将互联网及电子商务视为产品营销的主战场

这也是很多跨境电商新手容易陷入的一个误区。他们常常认为,只要在跨境电商平台上发布产品信息和广告,或者完成交易,就能够取得成功。然而,实际情况并非如此。国外消费者对所有的跨境电商企业最初并没有明显的区别。如果商家仅仅依靠网络营销,就很容易受到限制。很难建立自己的竞争优势,也很难在众多同类产品中脱颖而出。因此,跨境电商新手除了依靠网络宣传产品,还应该注重产品在线下的宣传。要关注产品在线下的交易和通关流程,这样才能促进产品和企业的长远发展。只有重视线下宣传和交易,才能够树立品牌形象,获取消费者的信任和认可。通过积极参与线下交易活动,商家能够和消费者进行面对面的沟通,更好地了解他们的需求和反馈。同时,通过关注产品的通关流程,商家能够及时处理可能出现的问题,确保产品按时送达客户手中。因此,对跨境电商新手来说，仅仅依靠网络营销是远远不够的。只有注重线下宣传和交易，才能够在竞争激烈的市场中取得突破，在产品和企业发展的道路上走得更远。

（四）误区四：并不是所有的商品都适合做海外仓储

在运营跨境电商时，不可避免地会面临一系列物流难题，如配送时间长、无法实现全程物流信息追踪和清关障碍等。为了解决这些问题，很多商家开始转向海外仓储的建设。然而，并不是所有的商品都适合采用海外仓储方式。这种仓储方式通常适用于价格高、体积大、易碎或传统物流渠道难以运送的商品。

然而，海外仓储也存在一定的风险。海外仓储常常面临着商品"发出去容易回来难"的问题。一旦商品发出去后需要返回，就需要承担较高的运费和海关关税，有时甚至超过商品本身的价值。因此，如果企业不能确定货物能否在国外销售，或者自身经济实力不足，就不要考虑海外仓储。

不论是跨境电商新手还是有多年经验的老手，都应该认识到跨境电商的理论和实际存在很大差距。在实际运作过程中，可能会遇到很多问题和风险。然而，始终有一点是不会改变的，那就是要始终站在客户的角度思考问题。在此基础上，充分利用各种跨境电商平台，相信即便是新手也能迅速开辟出自己的市场。不断学习和适应市场需求，不断优化运营方式，这将是跨境电商发展的关键。

第三章 跨境电商保税仓物流新发展

第一节 跨境电商保税仓物流服务发展现状

跨境电商近年来蓬勃发展，全国已有5000多家跨境电子商务平台，企业数量超过20万家，维护了6个跨境电商试点城市，取得了显著成效。由于保税区享有特殊优惠政策，保税备货进口模式成为跨境电商物流的主导方式，因其快捷便利、物流速度快、商品成本较低以及一定程度上保证商品质量等明显优点备受青睐。保税物流逐渐崭露头角，成为国际物流的关键组成部分，在促进进出口贸易增长和满足顾客需求方面发挥着重要作用。作为保税物流的重要枢纽和业务载体，保税仓在发展环境、业务流程以及特色服务等方面与普通物流存在着明显差异。

一、业务现状

跨境电商保税仓物流服务的业务包括：关务服务、仓储服务、金融服务和其他增值服务。

（一）关务服务

根据国家海关总署规定，进入或离开保税区的进口货物、在区内流转或在不同区域间流转的货物都需要按照相应的关务程序办理。保税仓作为跨境电商零售链条上的关键环节，有责任和义务为商家提供这种服务。具体的办理项目包括商品备案、进口货物清关、跨境仓流转、库内流转、跨关区流转、删改单、进仓异常处理、不合格产品销毁、退货区内跨境仓退仓、一般进出口贸易退仓、境外退仓、货物检测、货物报关转关等。

跨境电子商务进出境货物和物品的通关流程可以具体分为两步：首先是在申报前发送必要的信息，接着是办理通关手续。根据已经向海关发送的订单、支付和物流等信息，必须真实地按照每张订单逐一办理通关手续；货物清单、物品清单以及进出口货物报关单应采用通关无纸化的操作方式进行申报；当使用《货物清单》办理电子商务申报手续时，需要按照一般进出口货物相关规定办理征免税手续，并提交相关的许可证件；个人在使用物品清单方式办理申报手续时，应按照进出境个人邮寄物品相关规定办理征免税手续。如果涉及进出境管制物品，就需要提交相关部门的批准文件。

（二）仓储服务

仓储属性是保税仓的核心特征，在跨境电商供应链中扮演着配送中心的角色。商家从海外采购商品后，将其储存于保税仓内，并根据消费者的订单进行发货。与一般的配送中心相似，保税仓必须确保货物的完好无损、及时到达以及信息准确无误。值得一提的是，保税仓储受到海关的严格监管。尽管货物由存货人委托保管，但保管人对海关负有责任，所有的入库和出库单据都需经由海关签署。通常情况下，保税仓位于进出境口岸附近。货物从进入保税仓到最终出仓，需要经历三个主要步骤和七个关键环节。

(1) 三大步骤

①向海关申报报关单和检验检疫申报报检单。

②商品进入库区的理货区，清点商品，办理核注信息。

③仓库的作业人员将商品运输到存储区域的仓位上，并将数据维护进公司的仓库管理系统。

(2) 七大环节

①入库后要对商品进行清点识别。就是将不同商品分别开来，打开外包装，核实实物的条码是否准确，包装是否有脏污、破损或变形的情形。

②将商品摆放到不同的仓位上进行储存。一般按照不同的货号或条码进行摆放，以便能快捷地识别。

③当有订单进来后，需要到指定的仓位上分拣出所需要的商品，运送至包装区域。

④拿出相应规格的包装材料，将对应的商品按照订单放入包装箱中，再用胶带进行封箱。

⑤将打印的快递面单粘贴到对应的纸箱上。

⑥对包裹进行放行。碰到被布控查验的包裹，则拿到监管部门的查验办公区进行查验。

⑦放行完毕后，交接包裹，进行配送。

(三) 金融服务

保税仓不但专注为用户提供跨境业务的保税和仓储服务，还可提供金融服务。整个金融链条的四大主体包括物流企业、银行、经销商和生产厂家。

首先，这四方主体会签署合作协议，制造商将货物送入保税仓并作为质押货物，保税仓负责存储和监督这些质押货物。其次，经销商需支付给银行一笔取货保证金，银行通过给保税仓发放放货指令，分批次进行发货。再次，经销商根据销售情况支付一定金额的资金给银行，银行会开具提货通知单，制造商根据提货通知单向保税仓发货，经销商从保税仓提货。这样的循环不断进行。如果经销商的保证金不足，保税仓会立即停止发货。最后，保税仓凭借自身雄厚的资金实力条件，能为稳定合作伙伴提供中短期融资，帮助解决资金周转问题，并提升企业竞争实力。

（四）其他增值服务

首先，保税仓提供了一些其他服务，旨在帮助用户更好地处理货物流通和增值的问题。这些服务包括对货物进行简单加工和临港增值，而不改变其物理性质。在保税仓库内，我们可以对货物进行分拣、包装、组合包装、打膜、加刷码、贴标志、改换包装、拼装、拆拼箱等操作，以增加商业价值。例如，我们可以将印刷图书出口到保税区进行包装，再进行分拣集中，最后出口到国外。类似地，当外国过境货物进入保税区时，我们可以从国内采购包装材料，在保税区进行包装和分拣，然后再出口到国外。通过这种方式，我们能够大大节省仓储和人力成本。

其次，保税仓提供出口货物退运和返修服务。当国内企业将货物出口到境外时，由于各种原因（比如客户拒收货物、拒付尾款、包装或标签不合格、质量问题、卡板或电子产品系统问题等等），可能需要退运或返修。在保税仓库中办理退运和返修手续非常简便，费用也很低，这样做既无需办理繁琐的海关手续，也无需缴纳大额保证金，不仅节约了时间和成本，而且对货主企业的海关信誉没有负面影响。

最后，保税仓可以提供保税转厂服务。利用保税区的特殊功能，即货物一旦出口到保税区就视为离境，可以办理退税手续。通过"先出口，再进口"的方式，保税仓可以解决深加工贸易中复杂的结转手续问题，以及对深加工增值保税仓部分不予退税的问题。企业只需再从保税区将货物进口，即可完成进出口程序。这样一来，能够大大节省运输费用和时间。保税区的特殊功能和政策优势不仅节省了企业大量的运费成本，还增强了企业产品的价格竞争力。

二、发展特点

（一）复杂性

与国内贸易相比，国际贸易面临的复杂性主要体现在其需要面对来自世界各地的客户，这些客户拥有不同的语言、风俗、文化、思维方式。因此，如何解决跨境问题成为跨境电子商务发展的重要课题。

跨境电商保税仓所接触的主体，包括生产商家、销售商、银行、海关、国检以及消费者。这些参与方在跨境电子商务中扮演着不可或缺的角色，他们的合作和协调对整个跨境电子商务的顺利开展至关重要。

尽管跨境电商发展迅猛，但相对国内电子商务而言起步较晚。因此，在其发展过程中，跨境电商受到了国家相关政策法规的影响，并且行业环境也较为复杂。

(二) 单一性

首先，保税仓的模式采取集中采购和集中储存的方式，这种模式不可避免地造成了产品品类单一的局面。由于保税仓只能选择将爆品储存进去，其他产品无法被储存，因此导致产品种类数量有限。这可能会限制消费者的选择，同时对电商企业的产品策略和市场规划产生一定的挑战。

其次，储存爆品需要进行市场调查，以便根据市场需求进行相应的采购和储存决策。然而，市场调查存在一定的风险，稍有不慎就会造成库存积压。库存积压会导致货物滞销、资金闲置，从而增加成本并降低运营效率。因此，在进行市场调查时，电商企业需要谨慎分析市场需求，并根据实际情况采取相应的储存策略，以避免库存积压问题的发生。

最后，保税仓的模式需在海关备案，并需经过商检法规的审核。这一过程所需时间相对较长，且需要耗费一定的人力物力成本。企业在选择保税仓模式时，需要考虑这些时间和成本因素，并进行合理的规划和安排。另外，还需要与海关、商检等部门建立良好的合作关系，以便提高申报和审核的效率。

(三) 经济性

保税区作为一种特殊的经济区域，在国家层面上享有很多优惠政策。其中之一就是对保税区内的商品征收低关税，这使得商品在保税区内的价格相对较低。此外，保税进口采用的是大规模进口模式，这种采购方式不仅降低了商品的采购成本，还减少了运输成本。因此，保税区的商品相比海外直邮产品来说，销售价格更为低廉。

保税备货模式为进口产品带来了更高的利润和更具竞争力的价格。首先，保税仓的出现为跨境电商销售商节省了大量的成本。跨境电商通常需要面临诸如库存管理、物流配送和海关清关等问题，而保税仓可以提供"一站式"解决方案，将这些繁琐的事务都交给专业团队处理。这样一来，跨境电商销售商不仅可以避免库存积压和过量还贷的风险，还能够快速响应市场需求，及时调整商品种类和数量，实现灵活的供应链管理。

保税备货模式可以帮助跨境电商销售商节约时效和运费。由于保税仓通常位于离消费者更近的地方，商品的配送速度更快，减少了等待时间，提高了客户满意度。此外，保税仓还可以与物流公司合作，获得更优惠的运费折扣，从而减少了物流成本。这些成本的降低将进一步反映在产品的销售价格上，使得跨境电商销售商可以以更具竞争力的价格吸引消费者。

综上所述，保税备货模式为进口产品带来了更高的利润和更具竞争力的价格。保税区享受国家的低关税优惠政策以及采用大规模进口模式降低了商品的采购成本和运输成本，使得产品的销售价格相对较低。同时，保税仓为跨境电商销售商节省了不少的成本，包括库存管理、物流配送和海关清关等方面。这种保税备货模式为进口产品带来了更高的利润和更具竞争力的价格，有着重要的经济意义和实践价值。

（四）时效性

近年来，随着跨境电商的快速发展，商品的储存和流通方式也在不断创新和改进。在我国，一种备受关注的模式是将商品储存在境外关外的保税仓中，以实现更快捷、更高效的商品配送。

通过选择保税备货进口这一模式，销售商可以享受到多重好处。首先，规模效应带来的物流成本降低，为销售商节省了不少开支。其次，清关时间的减少，使发货效率大幅提高。由于商品已经储存在保税仓中，一旦消费者下单购买，货物只需进行简单的清关手续，就可以直接从保税仓发出，省去了国际运输的时间。因此，商品能够快速送达消费者手中，极大地缩短了等待时间，让消费者获得了更好的消费体验。

正是因为如此，大部分消费者选择在国内的跨境电商平台上购买海外产品时，更加青睐保税仓发货这一模式。他们希望能够节省购物的时间，得到电商的快速反应和及时的送货服务。对消费者而言，选择保税仓发货的优势在于，他们能够享受到可靠的物流和送货服务的全方位支持。无论是电商平台提供的及时配送服务，还是物流公司提供的高效运输能力，都为消费者提供了便利和保障。

（五）安全性

保税备货模式是一种跨境电子商务形式的进口商品。除了接受海关的监管，这些商品还需要接受检验检疫部门的监管。当商品从境外进入保税区时，如果属于卫生检疫或动植物检疫范围的，就会由检验检疫机构进行相关检验和监管。如果需要进行卫生处理，就会由检验检疫机构进行相应处理。对需要进行动植物检疫除害处理的商品，在检验检疫机构的监督下将依法进行相应处理。

检验检疫机构对从境外进入保税区的固体废物、旧机电产品以及成套设备等可以用作原料的商品也会进行检验和监管，同时会按照相关规定对外商投资财产进行价值鉴定。

当前跨境零售进口主要以母婴用品、日化产品等高价值商品为主要品类。因此，保税仓的安全性成为仓储服务的重中之重。安全性主要体现在以下四个方面：

货物的完整程度。保税仓应确保货物在存储期间没有受到损坏或丢失，以保证其完整性。

货物的有效期。对存在有效期限制的商品，保税仓应严格管理货物的有效期，确保货物在有效期内销售出去，避免过期产品流入市场。

货物数量是否有差异。保税仓应监控货物的数量，确保没有发生丢货或者换货等行为，以保证客户能够获得他们真正购买的商品。

出库前货物包装是否符合规范。保税仓在出库前应检查货物的包装是否符合相关规范，以确保货物在运输过程中不受损坏。

通过以上四个方面的安全性管理，保税仓可以提供高品质的仓储服务，从而满足跨境电子商务进口商品的需求。

（六）可靠性

在国内跨境电商保税区的发展过程中，为了实现对保税备货商品的有效监管，该领域在企业主体和溯源平台两个方面不断创新监管模式，以实现阳光化监管。首先，在企业主体方面，保税区要求试点跨境电商企业将其商品在海关部门备案，并在保税区进行注册登记。这种做法可以确保企业信息的准确性和合法性，为监管部门提供可查考的依据。其次，在溯源平台方面，海关要求跨境电商的每件商品都必须加贴防伪溯源二维码。通过这个溯源二维码,可以追溯商品的生产、流通和销售等各个环节,从而实现对保税备货商品的质量掌控。通过这两个方面的努力,跨境电商保税区的监管工作得到了极大的改善和提升,促进了该领域的健康发展。

(七)即时性

跨境电商保税仓业务是随着跨境电商的快速发展应运而生的。因此,保税仓物流服务深受跨境电商平台业务的影响。跨境电商平台主要依靠时间或者数字营销方式来促进销售量的提高,如各大购物节。以宁波某企业为例,按照活动节天数和规模,购物节可以分为三个梯度:第一梯度,天猫"双十一购物狂欢节"、京东"618全球年中购物节";第二梯度,"双十二"购物节、年货节(1月4号)、"38大促";第三梯度,苏宁县购"418"购物节、"黑色星期五"。由上可知,跨境电商保税仓物流服务具有提供即时消费的特性。

第二节 跨境电商保税仓物流服务存在的问题

一、宏观层面存在的问题

(一)跨境进口税收政策有待进一步清晰

采用保税仓库模式的跨境电商企业在税收优惠政策下享受到了低价爆款的益处。然而,随着税收改革的推进,税收政策变得更加不明确和不统一,这使得这类企业面临着商品货物成本以及价格上升等不确定因素的挑战。

为了解决这一问题，财政部联合海关总署、国家税务总局于2016年3月24日发布了《关于跨境电子商务零售进口税收政策的通知》，明确规定了个人单次交易限值和个人年度交易限值。在这些限值之内，进口环节的增值税与消费税将按照应纳税额的70%征收，超过这些标准的将按照一般贸易方式全额征税。然而，就在同年5月24日，海关总署发布《海关总署办公厅关于执行跨境电子商务零售进口新的监管要求有关事宜的通知》，对一些监管要求暂时进行了放宽，像是"通关单""许可证""注册备案"以及"税改限额"等，这些要求的执行过渡期截至2017年5月11日。

面对跨境电商新政策的不确定性，许多跨境电商企业只能采取止损措施，这对经济效益产生了较大的影响。无法及时适应和调整的企业可能需要重新评估其经营模式，以适应税收政策的变化，并寻找新的发展机遇。

（二）跨境电商保税仓物流服务的责任主体需要进一步明确

跨境电商保税仓物流服务的责任主体包括境内代理商、境外供应商、商家、物流等。根据新的《食品安全法》，网络食品交易的第三方平台也有权责承担。然而，在跨境电商平台中，主体责任尚不明确。除了传统的洋码头、天猫国际等模式，其他平台如顺丰、京东也提供资金流、商流等全方位的服务，并且承担起货源采购与物流仓储等角色。这些平台负责报检、报关等业务。当收货人与供应商不是同一人、并且货物所有权在一定程度上归属于境外供应商时，这种新型的关系给保税备货模式的执法监管带来了较大的困扰。

（三）跨境电商保税仓物流信息管理系统有待进一步优化

保税备货模式下，跨境电商保税仓物流中心的信息系统主要链接三个系统：仓库管理系统 WMS、海关信息系统和国检监管系统。这三个系统在发生任何库存变动时，都需要进行数据交互。然而，由于保税仓商品的种类繁多、销售速度快以及库内商品的批次管理难度较大，仓库管理系统中的库位信息经常与海关信息系统和国检监管系统中的库位信息不一致。这就导致了在海关或国检查验过程中，出现商品报关或报检号与该商品其他属性信息不符的情况。

这种情况会直接影响海关或国检对客户订单的处理，导致商家的订单无法分配和打单。这不仅对商家的销量、仓库信誉以及客户体验产生负面影响，还会引起延误和额外成本的问题。例如，宁波百世九龙保税仓在 2016 年"双十一"当天就经历了这样的情况。海关卡单近一个半小时，造成 1200 名临时工作人员全部处于等待状态，直接导致人力成本近 2 万元，同时延迟了超过 12600 个包裹的生产和派送。

为了解决这个问题，需要对跨境电商保税仓物流中心的信息系统进行优化和同步，确保库位信息在各个系统之间的一致性。同时，要加强对 SKU 的管理，提高库内商品的批次管理效率。这样不但可以降低海关或国检查验的错误率，而且减少商品报关或报检号与其他属性信息不符的情况发生的可能性。

另外，还可以借助现代技术，如物联网和人工智能等，对库存变动进行实时监控和数据更新，以确保各个系统之间的数据交互时效性和准确性。

此外，建立起与海关和国检的良好沟通与合作关系也是非常重要的，及时解决任何潜在的问题，减少卡单的发生。

通过以上的改进和措施，可以有效避免海关或国检对客户订单的卡单情况发生，为商家的销售业绩、仓库信誉和客户体验带来正面的影响。同时，可以降低延误和成本问题的发生，提高物流运作效率和整体效益。

二、微观层面存在的问题

（一）员工综合素质不高

跨境电商保税仓员工的沟通能力以及员工自身素质，对物流服务过程中的生产作业产生着较大的影响。特别是员工的素质对物流服务质量的影响更为直接和关键。

首先，物流员工的技能水平、服务意识以及是否具备物流产品相关知识等因素，对物流过程的顺利实施有着重要的影响。只有具备良好的技能和专业知识的员工才能在工作中胜任各种职责，保证物流环节的高效运转。

其次，保税仓物流企业管理人员的观念意识、个人素质和修养直接影响着整个企业的经营氛围。管理人员的态度和价值观决定了企业文化和工作氛围，而形成客户至上的观念对于提供优质服务至关重要。只有在这样的文化氛围下，员工才能更好地履行职责，提供出色的物流服务。

最后，保税仓物流服务的特性导致作业中会出现货损率、货物差错率及客户投诉率等指标需要通过信息数据反馈获得。然而，这些数据的反馈往往具有一定滞后性，从而使得员工的工作效率和质量对服务过程的质量产生着明显的影响。只有保税仓员工在工作中高效且准确地完成任务，才能降低货损率、差错率等不良指标，提升整体的物流服务质量。

然而，目前来看，跨境电商保税仓员工中接受过高等教育的比例并不高，员工接受专业系统培训的机会也较少，并且员工的流动率较高。另外，仓库传统的"师傅带徒弟"的培训方式导致员工综合素质较差，形成了一个恶性循环。因此，跨境电商保税仓企业应该加强员工的培训和教育，提高其专业知识和技能水平，同时关注员工流动问题，建立稳定的团队，以提升员工素质和整体的物流服务质量。

（二）组织管理制度不健全

保税仓运行的组织形式是按照库内作业流程来构建固定的组织结构。这种组织形式的优点是每个组织的员工各司其职，有利于发挥员工的专业性。在这样的组织结构下，每个部门都有明确的职责，员工能够更好地发挥自己的专长和技能，提高工作效率和质量。这种细化的组织结构使得每个人都能专注自己的工作领域，从而避免重复劳动和资源浪费。

首先，这种组织结构存在一些缺点。由于部门的细化，各个部门之间容易出现责任难以界定的情况，可能会导致相互推卸责任的现象。这种情况会影响团队合作和整体效益的提升。为了解决这个问题，保税仓应该建立明确的责任制，并加强部门间的沟通和协调，确保每个人都清楚自己的职责和任务，避免责任模糊和推卸责任的情况发生。

其次，很多保税仓物流企业在管理方面存在问题。这些企业缺乏科学的领导方式，没有建立标准的工作制度和质量管理措施。这导致员工缺乏明确的指导和规范，无法有效地进行工作。缺乏科学的领导方式和规范化的工作制度会影响员工的意识和行为，进而对物流效率和服务水平产生负面影响。

最后，为了改善这种状况，保税仓物流企业应该制定和实施科学的领导方式与管理制度。科学的领导方式可以激发员工的积极性和创造力，提高工作效率和质量。制定和实施标准的工作制度和质量管理措施可以规范员工的行为与工作流程，提高工作效率和服务水平。此外，还应该加强培训和人才引进，提高员工的技能水平和专业素养，为保税仓物流企业的发展提供有力支持。

综上所述，保税仓运行的组织形式按照库内作业流程来构建固定的组织结构，虽然存在部门责任难以界定和管理方式不完善的问题，但通过建立明确的责任制、加强部门间的沟通和协调，并制定科学的领导方式和管理制度，可以解决这些问题，提高保税仓物流企业的工作效率和服务水平。

（三）设施设备落后

目前一些保税区和保税仓库存在着一些问题。首先，仓库的结构设计不够适应现代物流的发展需求，导致其结构存在缺陷。其次，仓储设施老化，需要更新和改进。再次，这些保税区和保税仓库在区域布局上没有统一的规划，导致扩展空间不足，并且不同生产作业之间互相干扰。最后，普通仓储设施数量较多，而特种仓库则供应不足。

保税仓的设施设备的完好程度直接会影响到顾客的需求质量。在保税仓的整个物流过程中，涉及商品的入库、上架、下架、存储、盘点、拣货、包装发运等环节。为了能够合理地组织批量生产和机械化流水作业，需要使用液压车、高位叉车、高位货架、RF 手持设备、拣货车、栏板车、气泡机、工作台以及流水线等设备。然而，目前保税仓的物流设备在适应能力和配套能力方面处于中等水平，技术水平和先进程度相对较低。这将对高效、高质、高量地满足顾客的需求质量，确保物流服务的准确性和完好性产生不利的影响。

（四）信息技术应用性差

现代物流的根本标志在于信息技术在各个运作或作业环节中的综合应用。近年来，云仓储成为跨境电商保税仓的趋势，因此各个跨境电商平台和保税仓物流企业都非常重视信息技术的开发和应用。然而，国内跨境电商保税仓的信息技术实际应用状况并不理想。这主要是因为跨境电商保税仓的主营业务量来自"双十一""618"等大促活动，要想在一周之内发货 25 万件商品对现场环境的复杂性和作业灵活性提出了很高的要求，而现有的信息技术并不能完全满足这些要求。此外，跨境电商保税仓的员工综合素质普遍不高，许多员工宁愿使用更加习惯的传统方法，也不愿采用新技术。

部分开展保税备货模式的跨境电商企业缺乏数据上传设施设备，难以通过电商通关服务平台将保税备货商品的物流、支付、交易与仓储等电子数据传送给海关，还停留在普通的电子报表层面。这在一定程度上增加了跨境电商企业的开支，同时不利于规范管理企业的商品数据信息。

（五）物流流程设计不科学

客户关系管理的重要方面是服务质量，该服务质量取决于在服务提供前、中、后阶段的流程设计和管理。保税仓物流服务流程的目标是建立良好的客户关系，以达到保留老客户和开发新客户的目标。由于我国跨境电商尚未成熟，保税仓的流程设计主要参考了普通电商仓库的流程，但跨境电商保税仓还涉及多个主体，如海关、国检、跨境电商平台、贸易公司和消费者等。此外，跨境电商保税仓具有顾客多样化、产品多样化、少量出货和多批次等特点。因此，现有跨境电商保税仓物流企业的流程设计尚不科学。应当在物流流程设计上注重柔性设计，为顾客提供个性化的物流方案，并具备根据顾客个性化要求提供增值服务的能力。同时，需要不断优化和调整物流流程设计，提高物流效率和服务水平。

第三节 跨境电商保税仓物流服务提升

跨境电商保税仓物流服务质量评价指标体系，宛如一幅巨大的画卷，由无数彼此关联的指标构成，反映着其系统性和相互作用。为了精确构建物流服务质量评价指标，我们必须将涉及的问题有序地分解成逻辑层级，使整个体系呈现出结构化和层次化的特点。因此，在构建评价指标体系时，我们不但要遵循原则和逻辑，还需要找出最关键的要素，选择科学合理的指标，打造一个全面而具体的评价指标体系。跨境电商保税仓物流服务质量评价指标体系的构建是综合评价保税仓服务效果的基础和前提，通过对保税仓物流服务效果进行评估，我们能够找出在发展中的薄弱环节，明确改进保税仓物流服务的方向。

一、跨境电商保税仓物流服务质量评价指标体系设计

（一）指标体系设计原则

跨境电商保税仓的运行范畴不仅限于为跨境电商平台企业和消费者提供物流服务，还牵涉到海关、国检等政府部门。对跨境电商保税仓物流服务的评价，涵盖了多种属性，这些属性以不同的方式来衡量，有一些是通过描述性语言进行评价，也有一些是基于数据支撑的评价手段。因此，评价指标是多样化的。为确保指标的科学性和有效性，设计评价指标时通常要遵循以下原则：

1.科学性原则

为了构建一套科学合理的跨境电商保税仓物流服务质量评价指标体系，我们需要同时考虑理论指导和实践事实，并将理论和实际结合起来，以科学的方法识别出保税仓物流服务过程中的关键指标。在构建指标体系的过程中，我们必须深入分析影响保税仓物流服务质量的因素，并参考现有相关理论基础和研究成果，以确保指标体系的科学合理性。另外，我们还应注意选取适量的指标，明确指标的含义，避免歧义，并且不能只凭主观经验和领导意愿进行评价。指标必须准确地反映保税仓物流服务质量情况，对客观实际进行抽象描述。

2.全面性原则

为了确保对跨境电商保税仓物流服务质量的综合评价既科学又客观，我们需要选择一些全面性的指标，既要考虑主要影响因素，也要注意次要影响因素。毕竟影响跨境电商保税仓物流服务质量的因素非常多。因此，

在设定评价指标时,我们必须将主次因素区分开,强调重点,并全面考虑主要因素对跨境电子商务保税仓物流服务质量的影响。

3. 系统性原则

保税仓物流服务质量的评价涉及保税仓的各个方面,包括运作和管理层。评价指标体系是个层次多样、复杂的整体,需要与评价目标保持一致。由于跨境电商保税仓的环境比普通电商仓库更复杂,许多指标之间存在相互联系和制约关系。有些指标在水平上相互关联,有些在竖直上关联,甚至不同层次的指标之间存在相互影响的情况。建立指标体系时,应将指标进行分类,然后按照不同层级进行构建,以确保逻辑关系清晰、层级结构明确,保证指标体系的系统性。同时,设计指标时要力求简洁而全面,设计的指标应与企业的统计数据和报表相兼容。

4. 针对性原则

在建立评价指标体系时,应充分考虑到保税仓运作与管理的特殊性,并对不同类别的服务进行差异化评价。为了准确反映各项服务的特点,我们需要有针对性地设计评价指标,并对其重要程度进行综合评估。通过对跨境电商保税仓物流服务质量的评价,我们可以判断其服务水平,并确定影响服务质量的关键因素,提出有针对性的建议性措施。因此,我们需要设定一些具体目标,如通关效率、发货准确率等。

5. 可操作原则

考虑到影响指标的因素,可以分为显性因素和隐性因素。在实际研究中,需要注意有些指标的数据相对容易收集,准确性也比较高。另外,也有一些指标的资料和数据搜集起来较为困难,而且准确度也有所下降。因此，在选取评价指标时，我们应该确保这些指标与实际应用相吻合，尽可能选择关键、含义明确、易于获取和计算的指标，以保证数据资料的可靠性。这样做可以使评价过程更具可行性和可操作性。

6.定量和定性相结合的原则

物流是一个重视时效的行业，它的服务性和时间性非常重要。物流服务质量的高低直接影响到结果数据的科学性和顾客体验的完美性。这就决定了跨境电商保税仓物流服务质量评价指标既有定量的又有定性的特点。本书在设定跨境电商物流服务质量指标时，主要采用了量化指标。这样做可以最大限度地降低主观因素的干扰，使得评价结果更加科学有效。由于保税仓环境的特殊性和复杂性，物流服务质量的评价还涉及客户自身的主观感知和判断，其中一些指标无法通过量化来衡量，如收费增值效果和库位优化程度等。因此，我们需要通过定性和定量相结合的分析来确保指标的来源合理可靠，评价过程有效客观，从而保证评价结果的真实性和参考价值。

（二）评价指标设计思路

跨境电子商务保税仓物流服务很全面，主要分成三个方面：关务、仓储和金融。为了评估跨境电商保税仓物流服务的质量，我们需要考虑这三个方面。从现有问题可以看出，确定指标需要从两个角度着手：一是顾客的期望和感知，二是企业自身的能力。所以，首先我们要根据顾客的期望总结出跨境电商保税仓物流服务的特点。其次，找到与这些特点相关的服务行为，并制定服务行为的标准，以评估和改进实际服务行为。最后，我们要研究组织的支持能力对物流服务行为的影响,并进行承接和改进。

(三)评价指标设计标准分析

本书的目标是评估跨境电商保税仓的物流服务质量,并找出与关键指标相关的行为,以便进行改进。物流行业普遍面临着效益悖反理论的困扰,企业必须在确保高水平服务质量的同时,要控制成本。在一个理想的环境下,本书将研究跨境电商保税仓的物流服务质量,并提出改进措施。我们通过加强跨境电商保税仓物流服务质量指标之间的相互作用,实现物流服务质量的提高,同时基本保持成本不变。

物流服务质量评价指标体系的研究已有很多,但对跨境电商保税仓的研究却是相对较少的。本书在借鉴物流服务质量评价指标体系的基础上,结合国内外跨境电商平台、论坛社区消费者的评论和投诉,以及行业标杆企业和专家学者的建议。我们探索性地设计了跨境电商保税仓的物流服务质量评价指标体系,具体分为基于客户感知质量和基于组织支撑质量的评价指标。

1. 跨境电商保税仓物流服务功能性指标分析

从跨境电商保税仓的角度来看,我们需要评估其物流服务功能的表现,这是为了满足顾客对多样性和增值性的期望。这些指标完全来自顾客的角度考虑,取决于跨境电商保税仓的物流能力以及顾客对物流服务的期待。

基于跨境电商保税仓物流服务的特点,我们考虑了跨境电商保税仓的物流能力数据以及顾客对物流服务质量的主观认知,制定出了以下跨境电商保税仓物流服务功能性评价指标:

（1）仓库服务多样性。该指标体现了保税仓为顾客提供多方面有效服务的能力。跨境电商业务涉及众多主体，如国际供应商、国际海关、货代企业、国内保税区、贸易公司、跨境电商平台和消费者等。保税仓作为整个供应链的关键环节，提供多样化的服务将更容易在竞争中受到顾客的青睐，达到他们的服务期望。例如，金融服务、仓储服务和关务服务等。

（2）仓库服务增值性。该指标衡量了保税仓是否为顾客提供额外合同约定之外的服务或个性化服务。例如，降低保证金、提供担保等金融服务，及时向客户更新海关信息，提供转仓设备耗材等。这些服务能够为顾客提供更多实质性的帮助，增加保税仓的价值。

通过评估这些指标，我们可以帮助跨境电商保税仓提升其物流服务能力，从而更好地满足顾客的需求和期望。

2. 跨境电商保税仓物流服务时间性指标分析

顾客角度衡量跨境电商保税仓物流服务的时间合理性。该指标是根据顾客体验而设计的，取决于跨境电商保税仓的物流服务能力以及顾客对物流服务时间的期望。因此，我们可以针对跨境电商保税仓物流服务的特点，仅考虑其时效方面的数据资料，设计以下跨境电商保税仓物流服务时间性指标：

（1）报关、转关时间。这反映了保税仓报关和转关所需的时间。我们的关务组会整理报关资料并发送给报关行，报关行负责具体的报关工作。只有当报关完成后，货物才能进入保税区仓库。一般而言，报关时间为3~7个工作日。

（2）库内作业及时性。这反映了商家货物进入仓库后的非生产性库内作业时间。例如，货物贴标、上架、下架、出库打托等工作。货物贴标的时间取决于仓库的人力和货物属性。例如，每个工作人员每天可以处理 2000~4000 件小瓶保健品，而处理大瓶洗洁用品的速度稍慢一些。一般情况下，商品贴完标后的 1~3 个工作日进行上架。出库打拖的时间取决于出货数量。

（3）订单处理时间。这反映了从客户下单到生成拣货单，并进行拣货领用的时间。在非大促销情况下，10 点之前的订单需要在当天 16 点之前响应，16 点之前的订单需要在当前工作日内响应。

（4）订单释放周期。这反映了从接到客户订单开始到货物完全发运的时间，包括打印拣货单、拣货、验货包装、称重和清关发运五个环节。在非大促销情况下，16 点之前的订单需要在当天全部处理完成。

（5）异常订单处理时间。这反映了处理当天及之前出现的漏单、漏拣、漏验、漏称重、漏清关发运的订单所需的时间。在非大促销情况下，异常订单需要在当天的工作日内处理完毕。

（6）退货时间。这反映了消费者将商品退还仓库后，仓库将商品退还给商家所需的时间（由于海关总署规定，跨境商品在出库后不能直接入库）。在非大促销情况下，退货需要在 1 个工作日内处理完毕。

（7）换货时间。这反映了仓库在收到消费者寄回的商品后，补发货物所需的时间。在非大促销情况下，换货需要在 1 个工作日内处理完毕。

3.跨境电商保税仓物流服务安全性指标分析

保税仓物流服务的安全性指标是从顾客的角度来衡量的，它主要取决于跨境电商保税仓的物流服务是否规范以及顾客对物流服务安全性的体验。

为了设计出这一指标，我们考虑了跨境电商保税仓物流服务的特点，并结合了与安全相关的数据资料。

首先，我们有库存准确率这一指标，它反映了保税仓实际仓储数据与海关台账以及商家 WMS 系统数据之间的一致程度。具体包括库位准确率和实际货品属性准确率，如品名、商家、数量、批次号等。我们希望库位准确率能保持在 99.8% 以上，而库存准确率则应保持在 99.7% 以上。

其次，我们关注货物破损率这一指标，它反映了由于保税仓自身原因导致的顾客存放在仓内的破损货物比例。我们期望这一比例能够保持在 0.1% 以内。

再次，我们有发货准确率这一指标，它反映了保税仓发货的准确程度。按照规定，这一准确率应达到 100%。

最后，我们关注信息准确率，它反映了顾客与所购买产品的属性之间是否一致。我们要求这一准确率达到 100%。

通过以上安全性指标的设计，我们可以更好地评估跨境电商保税仓物流服务的安全性，以满足顾客的需求。

4.跨境电商保税仓物流服务的经济性指标

经济性指标是为了衡量跨境电商保税仓物流服务在收费方面的合理性，即从顾客角度出发。这个指标是根据顾客对物流服务在经济方面的期望来设计的。因此，根据跨境电商保税仓物流服务的特点，考虑到顾客的经济体验，我们可以设计以下经济性指标：首先，收费合理程度反映了顾客承担的仓内成本是否合理。每项服务的收费标准都基于双方商务谈判后的合同标准。其次，收费的增值效果反映了顾客在购买服务之后所获得的增值服务体验，具体评判标准由顾客主观决定。

5.跨境电商保税仓物流服务的舒适度指标分析

保税仓物流服务的舒适性指标是从顾客的视角来衡量保税仓物流在与客户互动方面的舒适程度。这一指标是考虑到顾客的实际体验而设计出来的，取决于客户互动所产生的效果。因此，我们可以根据跨境电商保税仓物流服务的特点，重点考虑在客户互动体验方面的效果，从而设计出衡量跨境电商保税仓物流服务舒适性的指标投诉率。

投诉率反映了投诉客户数量占总客户数量的比例。通过观察投诉率的高低，我们可以了解客户对服务舒适程度的感受。因此，客户投诉率应该控制在每月1~2个订单之间，这样才能体现出良好的服务舒适度。

6.跨境电商保税仓物流服务人员指标分析

保税仓物流服务的人员指标是根据员工综合素质和效率来评估他们在保税仓物流服务中的表现。这些指标主要是根据日常管理和生产量设定的。考虑到跨境电商保税仓物流服务的特点，我们可以设计出以下指标来评估员工情况：

1.员工数量。跨境电商保税仓的生产力可以通过员工数量反映出来。一个面积约为6000平方米的保税仓应该配备大约32名员工，并且生产小组人员至少占总员工的50%。

2.员工学历。员工的学历反映了他们的整体素质，对仓库的生产管理和服务质量有影响。关务系统部门的员工必须拥有大专及以上学历，而其他部门如收货、库存、拣货、验货包装以及发运部门的负责人应具备大专及以上学历。普通生产型员工则需要至少高中（中专）及以上学历。总体而言，大专及以上学历的员工比例应该达到60%。

3.员工人效。员工人效是最能反映保税仓生产情况和生产力的指标。保税仓的人效应该保持在每人10~13单/小时之间。

7.跨境电商保税仓物流服务设施指标分析

跨境电商保税仓物流服务的设施指标是根据软硬件设备效率来测试保税仓物流服务的设施情况。这一指标是根据满足顾客需求的生产需求来设定的。因此，根据跨境电商保税仓物流服务的特性，考虑到保税仓日常生产所需的基本操作场地、工具和环境，我们可以设计出以下跨境电商保税仓物流服务设施指标：

（1）库存面积。反映了跨境电商保税仓进出货物的能力，包括仓库总面积、可用面积、办公面积和作业面积。一般来说，跨境电商保税仓的面积大小不等，从几千平方米到上万平方米不等，其中作业区面积占总面积的95%以上。

（2）库存容量。反映了跨境电商保税仓接收货物及优化库位的能力，主要指可用的空库位数量。库存容量可以细分为总库位、可用库位、存储位、拣选位、可用存储位、可用拣选位和高速周转区。在大促销期间，各大型跨境电商仓储都会面临库存爆满的情况，这会极大地影响作业效率。

（3）信息系统。对跨境电商保税仓的物流服务质量有重要影响，主要包括WMS系统和关务系统。保税仓的WMS系统是专门与海关总署和跨境电商平台企业相连接的仓库系统，不仅与仓库的日常生产作业密切相关，还关系到企业数据的安全性。小型跨境电商保税仓通常选择第三方提供的WMS系统，而大型保税仓则往往自行研发WMS系统，但其灵活性不及第三方公司。关务系统由海关提供，与企业无关。

（4）操作设备。是跨境电商保税仓日常生产中最基本的劳动工具，一般包括移动手持设备、办公用计算机、拣货车、高位叉车、流水线、气泡机、各种耗材等。这些设备的质量和便捷性对日常生产的影响不是很大，但在面对"双十一"和"双十二"等大促销活动时显得极为重要，严重影响保税仓的作业效率。

8.跨境电商保税仓物流服务方法指标

保税仓的作业效率是评估跨境电商保税仓物流服务方法的科学性和有效性的指标。这个指标是根据日常生产过程中所需和生产结果反馈来确定的。因此，考虑到跨境电商保税仓物流服务的特点，并结合员工使用的工作方法在日常生产中的实际效果，可以设计出跨境电商保税仓物流服务的方法指标：

（1）标准型作业方法是跨境电商保税仓的典范作业方法，也是衡量跨境电商保税仓物流服务质量的重要指标之一。作业方法是否规范、科学、有效，将直接影响仓库的作业效率。任何环节的随意操作都有可能给整个生产链以及整个仓库带来作业困难。

（2）创新型作业方法是提升跨境电商保税仓服务质量的重要手段。一方面，跨境电商零售进口商品具有各种属性和复杂的种类，使得标准化作业相当困难；另一方面，跨境电商保税仓物流作业存在较强的季节性，主要业务集中在几个大促销活动上，这对作业方法的创新提出了非常高的要求。在不同的环境下，针对不同的商品采用特定的作业方法，不仅可以降低作业成本，还可以提高作业效率。因此，保税仓物流服务必须注重库内作业的灵活性和创新性。

9.跨境电商保税仓物流服务的环境指标

评价跨境电商保税仓物流服务环境的指标主要通过观察日常的作业过程和效果来确定。这些指标主要从员工的角度出发，并会受到保税仓的上层管理结构和企业文化的影响。因此，在考虑跨境电商保税仓物流服务的特点以及其作业状况时，我们可以设计以下指标来评估其作业环境：

（1）制度架构。反映了保税仓上层管理的标准化和规范化程度。具体包括考勤制度、安全制度、库区作业制度、绩效考核制度和文化建设制度等。

（2）工作氛围。反映了保税仓各部门之间的协同性。在物流企业中，各个部门之间的联系更为紧密。任何环节的差错都会给整个团队带来不便，所以团结的工作氛围至关重要。此外，团队应该保持积极的心态，相互学习，不抱怨命运和他人。

（3）库区环境。可以间接反映出保税仓的执行力和生产力。整洁有序的库区环境不仅能让员工轻松愉快地工作，还能在顾客心中形成一个标准规范的印象，产生"标签效应"。

二、优化政府政策，提升服务质量

（一）优化发展环境

围绕如何提高跨境电商保税仓物流服务质量，政府从优化跨境电商发展环境着手，重点完善政策与市场环境、保税区发展环境和贸易监管环境。

1.政策与市场环境

让政府权力清单的建立进一步加快，以促进市场和民间活力的激发。

政府应积极建立符合国际高标准投资和贸易规则体系的行政管理体系，以满足国际化和法治化的要求。在监管过程中，政府应将重点从事前审批转向事中和事后监管，以减少行政干预。此外，政府还应加快建立政府权力清单、服务清单和政府专项资金管理清单，并建设政务服务网络，减少政府对资源的直接分配，从而激发市场和民间活力。

对跨境电子商务企业的税收政策要严格执行。政府应根据财政部、海关总署和商务部的相关规定，密切关注跨境电商企业商品出口退税的实际情况。鼓励和支持国内中小企业通过跨境电商模式来拓展国际市场业务。对于在出口退税活动中出现问题的外贸企业，政府应积极、有效、快速地解决。同时，符合条件的跨境电子商务出口商品应享受增值税和消费税的免税退税等优惠政策。针对跨境电子商务的特点，还应探索创新出口退税管理机制。

2. 保税区发展环境

保税区的发展离不开完善基础设施的支持。政府应该加强在基础设施方面的建设和投资，特别是注重交通网的系统化建设，以实现多式联运，降低企业的交通运输成本。此外，对保税区原有的通关服务中心、卡口、验货场地、监管仓库、隔离围网、巡逻通道和信息化系统等基础设施进行升级，以提高通关效率。

完善的物流配套设施对跨境电商保税仓物流企业的服务水平和效率至关重要，同时能降低其他企业的成本。因此，在建设保税区时应当采购比较先进的配套设施，加强物流基础设施的建设，使铁路、公路和航空运输有机地结合在一起，打造便利的物流运输体系。

为了吸引更多企业入驻保税区，我们可以进一步吸引龙头企业、知名物流企业和服务企业入驻功能性贸易区，并推动保税区跨境电商产业化区域集聚，从而形成区域产业集聚效应。同时，我们需要完善保税区电商出口奖励政策，协调电商企业税务、租金等一系列支持政策，以推动跨境电子商务在保税区内的快速发展，为跨境电商公司在保税区实现更好更快的发展提供良好的政策环境。

我们需要加大对外开放的力度。可以在保税区现有规划面积内划出专门区域作为贸易功能区，开展贸易、物流和流通性简单加工等业务。这一举措既是海关特殊监管区域转型升级发展的创新举措，也为园区全面推进国际贸易多元化和便利化、提升开放型经济水平带来重要机遇。贸易多元化试点的开展将深化海关特殊监管区域货物贸易外汇管理政策改革，提升贸易便利化和监管便利化水平，同时将增强中新合作优势，增添综合竞争新优势，并增强集聚辐射带动能力。因此，在保税区开展贸易多元化试点的同时，国家应该给予贸易功能区各种优惠政策的支持。

3. 贸易监管环境

（1）密切注视区域间贸易协定，研究其对跨境电商的影响。重要的是要关注优势国家在跨境电子商务方面的规则制定与研究，特别关注商品质量、检验检疫监管、物流体系建立以及跨境电商售后服务的保障体系等方面。这样可以减少贸易保护主义带来的不确定性风险，并建立一个国际合作机制，解决不同司法管辖区的潜在法律不确定性问题，为跨境电商的快速增长提供一个健康可持续发展的贸易环境。

（2）逐步推进贸易监管的法治化建设。对跨境电子商务，我们应该在现有行业实际国情的基础上，探索建立相应的法律法规，并完善技术和信用体系来满足行业发展的需求。通过创造相对宽松的法制环境，寻求法律上的保障。以我国现有的法律为基础，根据国际化和法治化的要求制定专门的法律法规，这将有利于我国跨境电子商务的健康快速发展。

（二）完善支撑服务体系

跨境电商保税仓物流服务的主要支撑服务体系包括：出口信用体系、第三方支付体系、知识产权管理与保护体系、技术服务体系和人才培养体系。

1. 建立电子商务出口信用体系

要彻底解决跨境电子商务中商品质量和侵权问题，以确保跨境电子商务的信用体系得到保障。

首先，要建立一个企业信用管理机制。这个机制将完善跨境电子商务的信用法律体系，制定详细的交易过程管理规范和信用奖惩细则。对从事商业欺诈、侵犯知识产权和制售假冒伪劣产品等不诚信行为的企业，将采取严厉的惩罚措施。同时，完善企业信用评级制度。

其次，要建设一个信用信息平台。这个平台将与第三方信用机构、银行、工商、公安、税务、保险、海关等部门合作，建立统一规范的信用信息数据库。我们要构建一个全面的信用征信平台，并不断丰富数据库，改进信用共享平台，实现信用分类管理。这样一来，政府公共服务和市场监管水平都将得到提高。

2.加快建设安全的第三方支付体系

（1）为了改进第三方支付环境，我们要加强对跨境支付风险的监管法律规范，并迅速推进制定跨境电子商务第三方支付管理办法。我们将从外汇业务经营资格、业务范围以及外汇业务监督等方面，制定严格的跨境支付业务准入标准，以规范跨境支付服务市场。同时，我们要允许那些具有一定规模且风险可控的第三方支付企业开展跨境支付业务，为中国跨境电子商务交易提供代理收结汇和结售汇服务。

（2）实现通过第三方支付进行个人外汇管理。当第三方支付为个人提供外汇结算服务时，我们将采取实名认证措施，以确保客户身份的真实性。同时，我们要实时存储客户交易记录，并建立健全中国跨境电子商务风险控制和内部监督制度。我们要加大宣传力度，以加强个人外汇结算账户管理政策，并与央行实现信息联网，将个人交易记录传输至央行个人结售汇系统，以确保数据的准确性和完整性，以保证个人年度总额管理政策的有效执行。

（3）完善第三方支付的监测体系。央行、商务、海关、工商和税务等部门要形成监管机制，并建立中国跨境资金应急预案，以防止交易过程中出现资金漏洞。我们要进一步监察第三方支付机构自身办理的金融业务，以防止支付金融机构利用自身业务便利逃避结汇业务。外汇管理部门将加强对第三方支付机构的监管，严格控制跨境资金流动，根据第三方支付机构的资格认定其购付汇额度，并逐步开放电子支付渠道。

3.建立知识产权管理与保护体系

为了提高大家对知识产权保护的重视程度，我们需要采取一些技术手段来保护。针对跨境电子商务的特点，相关部门要制定中国跨境电子商务的知识产权保护法，以缩小知识产权在地域和同界方面的差异，并积极参与全球知识产权保护规则的制定和修改。

除此之外，我们还需要建立专门的知识产权保护服务机构。这个机构将加强各知识产权管理部门之间的协调，规范中国跨境电子商务交易环境，并为企业提供预警、咨询和审核等服务，以提高他们在知识产权管理和保护方面的能力。对存在侵权行为的企业，知识产权服务机构将对其进行整顿。通过这些措施，我们可以更好地保护知识产权，促进跨境电子商务的发展。

4.建设开放式技术服务体系

以云技术、物联网和大数据等新兴信息技术为支撑，实施中国跨境电子商务协同工程。该工程涵盖政府跨部门监管协同、以物流单证为核心的行业协同和以订单为核心的跨区域协同，旨在不断加强第三方服务平台技术架构的开放性、中立性和安全性，保障跨境电子商务的技术、安全和数据。

致力于提高跨境电子商务信息的标准化和规范化。制定一套完整的中国跨境电子商务业务流程规则，为行业运营环境提供保证和服务。同时，建立跨境电子商务海关监管平台和信息共享平台，构建风险综合评估与预警平台，利用大数据技术对跨境电子商务交易数据进行定期监控。通过这些措施，能够确保跨境电子商务的支付、交易、信用安全和风险可控。

5.建立以市场需求为导向的人才培养体系

为了加强跨境电商专业人才的培养，政府应当鼓励高校开设跨境电商专业。同时，政府相关部门应该组织更多的力量，加大对企业员工进行跨境电商培训的支持力度，以构建起一个跨境电商人才社会化培训体系。此外，整合高校学者和跨境行业专家的资源，打造一支专业的跨境电商师资团队，并促进校企合作，开展定制化的跨境电商人才培养。同时，应鼓励借助高校和企业资源，创建一个跨境电子商务在线学习平台。

加大力度培养和引进跨境电商人才方面。要培养和引进国际领先的跨境电商领军人才及其创业团队，通过引进人才和项目，推动电商产业链的拓展和中小微企业的发展。同时，我们鼓励国内的跨境电商人才采用柔性流动的方式从事跨境电商工作。为了更好地满足企业对跨境电商人才的需求，有针对性地进行跨境电商企业需求调研，并组织跨境企业跨境电商运营项目对接等活动。

三、企业微观对策建议

作为一项服务行业，跨境电商应致力于向顾客提供高质量且符合高标准的服务。鉴于跨境电商保税仓物流经营环境与服务质量现状，提出以下七点建议。

（一）转变观念，树立顾客为中心的服务理念

根据相关报道，企业的顾客服务水平和顾客的满意度密切相关。当企业的服务质量处于一般水平时，顾客的感受相对一般；一旦服务质量提高或降低到一定程度，顾客的赞誉或抱怨就会呈现指数倍的增加。因此，跨境电商保税仓物流服务必须始终以顾客满意为重点目标。为了实现这一目标，我们将采用各种手段来提高服务质量，从而提升顾客的口碑和忠诚度。

跨境电商保税仓物流服务正越来越受到顾客的重视。然而，根据最终

的评估结果来看，目前的服务水平与顾客的期望还有一定的差距。除了客观存在的体制和市场环境影响，跨境电商保税仓物流本身的经营理念在一定程度上也是决定服务质量的关键因素。作为一个新兴行业，跨境电商保税仓面临着激烈的市场竞争。整个物流过程应该以满足顾客需求为出发点，最终追求顾客的满意度。经营理念应从"我能够提供什么服务"转向"顾客需要什么样的服务"。顾客对保税仓物流服务有着较高的要求，通常希望能够得到卓越的服务。因此，跨境电商保税仓应该从提高基本的物流服务水平开始，逐步展示出在基本服务上的卓越能力，并根据顾客的需求适时提供增值服务。只有以顾客为中心，做好基本服务，才能赢得顾客的信任，并获得更多复杂的供应链管理业务。

（二）整合物流资源，完善综合性全程物流服务

我国的跨境电商保税仓物流发展还处于起步阶段。大多数提供物流的企业都是近年来从传统的运输或仓储等企业转制而来的。这些企业多数是由一些小型的运输、仓储公司组成，总体上呈现出企业规模过小、运输能力低、仓储配送能力弱、服务范围有限、服务成本相对较高，难以实现规模效益的特点。最终导致不能满足大型顾客企业的物流高需求，没有能力提供全程综合的物流服务。

目前面临的挑战和机遇使做大做强跨境电商保税仓物流成为一种选择。一些具有竞争力或市场规模较大的物流企业趁机通过收购或兼并等方式不断扩大自身业务经营范围和规模，借助合并和整合提高企业的全程综合物流服务能力。一些规模小、服务能力有限的物流企业在市场竞争中面临被

吞并的境地，他们只有通过提供个性化或特色化的物流方案策略来寻找自身的定位。

另外，这些物流企业也可以选择与国内外大型物流企业建立战略合作关系，采取合资合作方式或联盟经营等方式。充分利用各方的功能优势，为物流需求者提供高水平的综合性物流服务，抢占物流市场，实现企业的逐步壮大和发展。

无论是规模大小还是服务能力高低，我国的跨境电商保税仓物流服务必须迅速实施资源整合，优化物流服务能力。目前物流需求方要求物流服务商提供综合性的物流服务。实际上，这既是物流企业优化资源配置的目标，也是一个过程。

资源整合是优化资源配置的关键，物流服务资源的整合就是一个成功的案例。它将原本为顾客提供服务的货运企业、金融公司、咨询企业等进行整合，新组建了供应链管理方案事业部。该事业部的任务是对相关企业在供应链管理上的服务资源进行整合，让顾客能够更方便地获得专业服务支持，形成了顾客所需的"一站式"综合物流管理服务模式。这样一来，该企业不仅留住了关键顾客，还增加了整个供应链上合作伙伴的收入。因此，硬件资源、信息等软件及资源，客户资源的有效整合使得物流服务全过程实现了最大程度的资源共享和优化配置，是提高物流服务效率和水平的有效途径之一。

（三）提高优化或创新的物流服务个性化方案设计能力

跨境电商保税仓的顾客需求是多种多样的，特别是一些中小型顾客。

他们的物流需求可能更加随机和特殊，而保税仓务必要重视这些潜在的客户群。我们应该针对这些顾客提供灵活的个性化物流服务，包括运输、仓储和其他附加服务，并不断进行优化和创新。我们应该重视这些潜在顾客并提高物流服务个性化方案设计的能力，因为这是体现跨境电商保税仓物流服务能力的重要因素，并且具有广阔的市场发展前景。

我们的物流服务需要从处理货物，提升到设计、解决和管理货物价值的层面。通过提供创新的或优化的个性化服务，我们要与顾客建立起良好的合作伙伴关系，并大大提高顾客的忠诚度，留住固定顾客。在开展个性化服务时，我们应该将顾客进行分类，并为不同类型的顾客提供项目制物流，以提高我们提供多样化物流和增值服务的能力。同时，我们要快速响应顾客不断变化的需求，并提供多种解决方式，让顾客选择最适合他们的方案。

个性化的物流服务要同时考虑满足顾客需求和企业自身经济和操作的合理性。我们应该综合考虑这两个方面，对物流系统环节如网络设计、信息处理、运输、搬运和包装等进行再设计。此外，顾客所处的竞争环境不断变化，他们的经营策略也在不断调整中，所以企业有必要动态调整物流优化和个性化物流服务策略。

（四）制定科学的物流管理制度，提高物流服务管理的标准化程度

为了保证跨境电商保税仓在不同服务对象和服务领域中的物流管理能够达到标准化，企业需要建立科学的物流管理制度，并明确各种操作规范和流程，以确保物流的各个环节都能按照服务标准要求进行执行。为提升服务质量建设水平，企业可以通过服务质量体系认证来改进自身的特色服务和优质服务，同时国内相关部门的认证和资质认定也能帮助企业赢得顾客信任，获得更多合作机会。

要取得上述资质并成为顾客的首选，企业应全力保障组织、制度、人员和技术四个方面。

首先，为了达到规范化和制度化的物流管理工作，企业应该建立专门的组织机构，采用项目部形式具体负责物流服务的组织和管理。在组织上实现程序化、规范化和制度化的管理，严格按照工作流程规定来执行相关指令，确保分工明确、职责分明，以保证项目的顺利实施。

其次，制度是规范组织行为的有效方法，企业必须制定各个物流环节的管理制度，并着力提高物流服务的标准化程度，以确保物流服务的效率和水平。例如，企业需要有安全操作规范、货物运输、存储、装卸等方面相应的管理制度，还需要有对顾客投诉的反馈处理管理等制度。

再次，人员是一切工作开展的关键因素，组织、制度和技术等所有保障措施都需要人来实施。因此，员工队伍的整体素质和对服务质量规范的执行效果至关重要。企业应当根据实际情况，以现代物流服务的高标准和高要求为目标，着力提升员工素质，制定员工教育培训工作规划，加强员工物流管理服务的技能培训，提高员工的质量意识，为物流服务的执行提供良好的人员保障。

最后，企业需要加大信息技术的建设投入力度，摒弃传统的单一落后跟踪方式，尽可能运用先进的信息技术。例如，全球卫星跟踪系统，以提升物流信息的准确性和实时性。同时，企业需加强物流设备（如运输车辆及其他设备）的定期检查、检修和保养，确保物流硬件设施的安全和可靠。

（五）利用现代信息技术，提高物流服务效率和水平

信息化是衡量现代物流水平的重要标志，在我国物流业，我们起步较晚，信息技术水平和应用能力不如欧美和日本等发达国家和地区。跨境电商保税仓的信息化程度无法满足客户不断提高的需求，因此，我们需要努力提高信息技术运用能力，并完善信息化和网络化建设，这对跨境电商保税仓的发展至关重要。

为了实现这个目标，我们需要采取两个方面的措施。首先，根据实际情况，建立有形网络和信息系统。企业可以根据自身情况自己建立这些系统，也可以考虑与合作伙伴共同建设。其次，积极推广和应用先进的信息技术。信息技术已经成为我国第三方物流企业发展的关键。跨境电商保税仓需要积极发展和引入现代物流信息技术，以信息技术为支撑来提高企业的物流服务水平。在信息技术建设方面，我们应该从以下三个信息系统入手：

首先，引入车辆定位系统（GPS）和电子地图系统（GIS）。通过全球移动通信系统（GSM）网络和车载移动信息智能终端，实现对运输车辆的全程跟踪和监控。这样可以提高车辆的利用率，降低空载率，更好地控制车辆并确保物流服务的安全、可靠和准时。

其次，在建立 GPS 和 GIS 系统的基础上，建立完善的配送网络管理系统。这个系统可以实现运输管理、数据统计管理和计算机调度管理等功能，减少人工工作量，为物流调度提供相关信息服务，加强不同环节之间的信息共享和协作，提高协同效率，从而提高整个物流企业的效益。

最后，我们需要建立物流信息的查询平台，实现网上实时货物的信息查询。顾客可以通过平台实时、透明地查询货物的位置等信息，了解货物配送的过程，掌握生产进度，并合理安排自己的生产计划。通过这样的查询平台，我们可以提高物流的透明度，进一步满足客户对物流服务的需求。

（六）持续降低物流服务成本，提高服务质量顾客感知水平

只要保证服务质量不下降甚至更高，降低物流成本就是可能的。通过放弃服务质量来降低物流成本对物流企业来说毫无必要，反而得不偿失。

跨境电商保税仓物流的服务质量和服务成本似乎是相互影响的。要提供较高的服务质量，可能需要付出较高的服务成本，而较低的物流费用则很难达到高水平的服务质量。因此，我们需要找到适合保税仓物流服务和顾客需求的最佳平衡点。通过内部治理，调整物流操作方案，提高物流管理效率，降低服务运作成本，减轻顾客在物流环节的负担，提升顾客满意度，从而实现这一目标。

只有把顾客视为自己的合作伙伴，并不断增加整个供应链的利润，才能推动跨境电商保税仓和顾客合作持续发展。以此方式，顾客会愿意将更多的物流需求委托给物流企业，从而实现双方共赢，提升整个供应链的竞争力。

（七）加强人员教育和技能培训，提高服务意识

在物流行业中，信息技术和物流设备是推动物流服务行业发展的两个重要因素。然而,仅仅具备这些条件并不能保证顺利完成物流工作。事实上,物流操作需要极大的灵活性,人在其中扮演着最关键的角色。因此,专业人员的能力和素质对物流服务的质量有很大影响。

跨境电商保税仓物流服务的员工专业素质既源自其工作技能,还包括常被企业忽视的员工的理念和态度。这些因素对企业开发新客户群体以及巩固和维护老客户都至关重要。

因此,跨境电商保税仓应制订计划来提升员工的知识水平,不断加强员工素质建设,以形成以顾客为中心的服务理念。这样做可以提高服务水平,获得顾客的满意和信任,并对物流企业保持忠诚。只有这样,物流企业才能取得良好的业绩,树立起自己的品牌形象,并在市场中立足。

第四节 保税仓物流与快递的联动发展

一、跨境电子商务与快递业联动发展内部驱动机制

(一)创新驱动

随着移动互联网和大数据等技术的普及,电子商务与物流业的结合趋势日益明显,各种创新模式的应用也加速了企业内部和不同企业间创新要素的聚集。在这种模式下,企业内部的创新得到了推动,并且产业间的协作水平也得到了提升。

在市场环境的变化下,观察电子商务和物流业的发展进程,可以明显

看出它们通过商业模式的创新来适应市场环境的发展，从而实现了产业之间的关联度的大幅提升。

如今，电子商务和物流业进入了一个成熟发展的阶段，产业发展也趋于稳定。为了在市场竞争中获得绝对优势，企业需要将创新放在技术和管理机制的核心位置。创新驱动可以推动创新模式的升级，运用先进的管理理念来优化企业内部人员架构和管理方式，减少成本（包括组织运营成本和人才成本），并有效增强内部沟通联系和外部战略合作。

在当前时代，由于创新驱动发展战略的推动，购物模式也在逐渐转变，传统的线上购物活动正在向购物消费模式慢慢靠拢。通过虚拟现实等新的体验方式，用户的购买体验得到了提升，并且有效促进了电商平台的消费需求升级。物流企业实施的创新战略是提高仓储管理水平、配送效率以及物流服务水平的关键。因此，越来越多的电商企业被吸引去拓展物流市场，并同产业链上下游客户的信息联系得到加强，从而推动了物流业的智能化和专业化发展。

（二）消费升级

电子商务在移动端市场的消费模式进一步扩大，得益于电商移动端功能和移动支付安全体系的不断完善。消费者之间也因互联网和移动社交的兴起变得更加密切，结合社交的渠道拓展客户资源，通过渠道下沉来延伸营销和增值服务，促进消费模式的快速增长，提升电子商务市场消费人群数量，加强客户引流。

同时，为了加强物流企业和电子商务企业的合作，物流服务的效率和服务质量因为用户消费水平的提高而提出了更高的要求。利用电子商务在用户和流量上的优势，以求对用户购买意愿、产品需求偏好、消费行为特征等用户购买行为能够更好地把握，对物流服务售后环节进行完善，提升物流服务水平。这将为电子商务企业产品更新和细分市场的进入提供重要信息。

一直以来，消费者对国外产品的需求激增，源自国外品牌较好的影响力。这为各大电商发展跨境电商提供了机遇。消费者的产品需求日益得到满足，因此消费升级成为电子商务和物流联动发展的强大动力。

二、跨境电子商务与快递业联动发展的策略

（一）应用信息技术实现信息共享

为了发展电子商务，我们需要先建立好基础设施，这需要大量资金的投入。所以，我们要根据我国的情况，加大信息基础设施的建设力度，有效地利用计算机资源，并通过不同的融资渠道来推动电子商务稳定发展。要想搭建一个功能齐全、网速快、成本低的电子商务平台，除了相关部门的支持和引导，还需要大量投入资金。基础设施的建立对电子商务的发展水平有很大影响。因为普通企业难以承担起复杂和高投资的基础建设，所以政府将在这方面发挥非常重要的作用，通过宏观调控、协调统一的方式，汇集人才和资金，为我国外贸企业提供了发展的重要支持。

保障电子商务发展的基本前提就是持续完善网络安全和信用体系，这需要相关部门积极参与，组建专业团队来进行建设。要保证电子信息的保密性和完整性等特点，只有通过更新技术手段和完善法制手段，才能使网

络交易环境变得更加方便、安全和有效。目前，数字签名、加密和CA认证等安全技术被广泛应用于电子商务网络运营中。

我国的电子支付和结算体系需要及时地改进和完善。特别是对电子支付和结算的问题，在不同的银行网络结算平台和操作模式之间存在差异。建立起统一而规范的标准化结算体系刻不容缓，相关部门应该积极引导和督促，以确保相关银行、企业单位和第三方支付平台能够顺利合作。此外，还需要提高商业活动的结算水平，促进电子商务的更好发展。

（二）完善基础设施均衡利润分配

为了加快物流行业的发展，我们提出以下改进方案：首先，政府应该加大对物流平台制度的完善力度，实现以政府为中心的经营模式。其次，应该加大对高速公路的建设力度，并利用计算机技术构建一个完善的实地网络物流平台。再次，政府应该完善监管机制，确保商品质量在配送过程中得到保障。最后，建议采用高新技术来建立适应时代潮流的监管和经营模式。

（三）整顿快递市场完善行业制度

为了实现跨境和全国性的物流机制的统一管理和指导，政府应该完善相关的法律法规，并担负起监管职责，监管内部和外部的运营领域，以确保这两个领域能够相互竞争和共同发展。

根据我国国情和电子商务的具体发展情况，应该建立一个健全的新税收征管模式。例如，政府需要建立一个完善的网络贸易申报和税收登记制度，正确使用电子商务交易发票，并建立有效的监管体系。同时，需要吸取发达国家在电子商务征管方面的经验,普及科学发展观和税收观念。

在物流配送方面,电子商务企业应该建立一个有效和主动的物流模式,对物流商品进行有效整理。通过建立与物流企业紧密合作的相关机制和技术支持,实现电子商务与物流商品之间的有效连接,从而大大提高物流服务的范围。同时,物流企业应积极满足电子商务的需求,合理有效地引入和运用现代电子商务的物流设备和技术,满足商业发展和消费者的需求。

结合我国的基本国情和电子商务的发展状况,需要构建与我国社会主义初级阶段相符合的《电子商务法》及相关配套法律和法规体系。这个电子商务法律体系还需要与国际接轨,在确保公平和安全的情况下推动我国经济的快速发展。

(四)发展核心业务实现优势互补

为了提升物流配送质量,我们可以采取以下措施:

1. 改善配送准确性

采用信息化管理系统,利用计算机技术收集、运送和处理订单信息。

自动化处理物流信息,利用射频和条形码等技术录入商品信息,提高处理效率。

建立客户物流信息网络,及时更新客户购买商品的物流信息,让客户通过网络平台查询商品配送情况。

2. 加强配送安全性

为了保证商品完整性,卖家可以在运送过程中使用海绵等保护措施,确保商品安全。

在标注运送信息时，要清晰、准确地标注，避免出错。

针对不同种类的商品，选择适合的配送方式。

3.提高配送速度和便利性

根据消费者需求选择合适的配送方式，确保商品能够快速送达消费者手中。

提供送货上门服务，方便顾客在订单送达时进行签收和验货。

4.降低物流配送成本，提升物流配送效率

新型物流模式对物流企业的运营方式产生了巨大影响。各地的物流企业纷纷采用这种新模式，以解放劳动力并提高了配送效率。这种新型物流模式通过虚拟网络连接各地商家，扩大了服务范围。在物流派送过程中，实时监管确保商品能安全、准确地到达消费者手中，同时问题发生时能及时查询解决。

（五）跨境电子商务快递产业链模式

电子商务和快递产业之间建立了一种合作联盟，以产业链的形式共同发展，并共担风险。电子商务快递产业链是一种新的产业链形态。电子商务的本质是协同商务，不仅仅是一个孤立的产业结构或系统，作为一个产业链，它具有强大的带动性和广泛的辐射面。快递服务是由多个环节组成的，在相互协同、相互促进的过程中提高效率。从参与者的角度出发，电子商务快递产业链包括客户、供应商、物流配送和服务平台。客户可以是企业、个人和政府等消费团体，依赖电子商务服务平台，他们是产业链的终端。供应商可以是个人、企业、服务商等供应商团体，他们可以是各个传统行业的产品提供者，也可以是服务供应商。服务平台包括服务终端、认证机构、信用评价、推广媒介等电子商务平台服务商，如阿里巴巴、亚马逊中国、当当网、京东商城、苏宁县购等。中国邮政、民营快递公司、外资快递企业和电子商务服务商自建物流配送公司成为物流服务的重要支持者。

1. 电子商务供应链模式选择

以格里芬产业链治理理论为基础，我们对电子商务快递公司量模式进行分析。首先，物流服务在电子商务和快递企业之间扮演着重要的角色，涉及一系列繁琐的环节，包括收件、分拣、运输和两件等等。为了确保每个环节都能有效运作，以提供高质量的物流服务给终端用户，电商企业和快递企业需要保持亲密的沟通和合作，以实现业务流程的协同。这项任务复杂而具有挑战性，只有各个环节之间的默契配合，物流服务才能顺利完成。因此，我们认为交易的复杂程度较高。其次，目前网上销售的产品种类繁多，在体积、重量、保存方式等方面都存在差异。由于不同的快递企业实力不同，配送时间、配送网络等也有很大的变化，因此顾客满意度存在很大差异。由于电子商务物流涉及众多环节和高技术含量，所以交易信息尤其是知识的可编码性较低。综上所述，电商与快递企业的产业链类型主要体现在交易的复杂程度高以及交易信息可编码程度低，根据快递企业供应商能力的不同，治理模式主要分为相互依存（关系型）和上下级组织（科层式）。根据当前电子商务产业的现状，这两种治理模式是符合实际的。中国的快递巨头（例如中国邮政、顺丰快递、四通一达等）大多与电商企业合作，并与第三方物流企业签订协议，形成关系型的产业链模式。最后，一些电商企业为了提高物流服务质量，采用自建物流和收购物流企业的方式，实现产业链的纵向一体化，如京东商城和亚马逊中国都有自己的物流体系，淘宝和天猫正在积极筹划面向所有平台商户的大型物流平台。

为提高电商与快递企业的产业链效率，应在标准化方面加强工作，提高交易信息的可编码性。如果所有电商快递流程都能达到标准化，就会极大促进电商物流快递的发展。产业链的治理模式将转变为模块化和领导型两种。电商企业可以将自己的物流业务外包给其他企业，自己专注网上业务的运营。对实力较强的快递企业，采用模块化的治理方式；对实力较弱的小企业，可以采用领导型的治理模式。这两种模式都能大大提升快递的业务量和效率，消除当前电商物流瓶颈。电商快递物流的标准化工作是电商与快递产业链协同发展的关键所在，需要进行大量工作。电商企业、快递企业、国家邮政总局以及行业内的专家等各方应该联手，共同制定适用多数企业和终端客户的快递物流标准。仅靠快递企业自身很难实现完全标准化，其中用户的参与至关重要。最终制定标准的目标是让客户满意，增强用户体验。同时，通过标准化能降低企业间的交易成本和顾客与企业之间的沟通成本。因此，电商快递的标准化工作显得尤为重要。政府需介入，联合各方实施，共同努力，推进标准化工作，为电商和快递行业的健康快速发展奠定坚实基础。

2.电子商务物流标准化

（1）在电子商务交易中，商品种类繁多，如电子产品、服装、食品、日化用品、文具等。每种商品具有不同的特点和属性，因此，快递公司需要对这些商品进行行业细分，并提供相应的物流服务。目前，在物流行业中盛行着两种物流划分标准。一种是根据淘宝商铺的分类来划分，不同行业拥有自己的标准。另一种是按照货品的尺寸进行划分，分为大件、中件、小件，它们具有不同的配送要求。当然，除了商品种类和尺寸，电子商务商品还具有其他特性。因此，为了满足不同商品的物流需求，快递公司还需要研究电子商务商品的其他特性，并制定更多更精细的包裹细分标准。

（2）同一件商品通过不同的物流公司送达时，用户收到的感觉会有所不同，这是因为不同物流公司对商品的包装标准不同。以顺丰速递和圆通速递为例，它们对同一件商品使用的包装材料、包装方式和包装大小各不相同。因此，消费者对包装较好的商品会有更好的感受。当然，确保商品不会破损是最基本的包装规范，也被称为低端包装规范；对一些高端商品如高档酒、贵重物品等，则需要更加完善的包装规范与商品的价值相匹配，被称为高端包装规范。这样的包装规范能够区分高端和低端商品。总之，在物流环节中确保商品的完好无损，制定一套合理的包装标准非常重要。

第四章 大数据技术对跨境电商的推进

第一节 大数据的商业价值和商业模式变革

一、大数据的商业价值和数据经济

(一)大数据的商业价值

大数据已经作为一种新的生产要素融入经济生活中,就像资本、土地和劳动力一样重要。信息要素全面升级,数据变成整个经济社会的核心,大数据涵盖了技术和商业两个方面,技术方面,计算机技术的出现以及迅速发展使得数据的产生与存储大大地提高;商业方面,大数据能够提供服务创新的机会,通过更好地服务企业可以获得更多的效益。在网上用户的每一次浏览、点击和评论都是搜集大数据最好的来源。这些数据链接起来,通过相互的信息关联和互动并加以分析,成为具有商业价值的商品,数据服务由此成为新兴产业。

(二)大数据的数据经济

大数据在客户管理、运营决策、商品策略、产品个性化设计、服务内容、精准营销、供应链优化等方面改革传统商业模式。DT（数据经济）时代下的商家，需要学会利用数据提升运营效率和商业沟通效率。大数据驱动商业服务有三个核心关键点，分别是数据获取、数据分析和数据产品。传统外贸商业模式重视展会和客户体验，参展和拜访客户的成本高，新客户开发慢。传统外贸商业模式下数据获取渠道有限，既缺少专业的数据收集、整理和分析人员，统计数据又相对宏观，利用价值有限，非常不利于市场和产品开发。大数据背景下的商业运作则是专人动态跟踪数据，时时关注产品、消费行为、商家行为等数据。基于大数据的商业运营关键在于数据整理和分析，传统外贸商业模式是用经验做数据管理和分析，主观性强，缺少科学严谨性，而智慧商业运营模式的整个逻辑是倒过来的，通过数据的中间状态和动态变化，指导商业运营决策，这就是传统商业跟智慧商业的区别。数据给企业带来的商业价值主要表现在五个方面：可以辅助商家进行管理决策，实时监测整个营销活动，优化供应链，精准营销与个性化服务，产品、服务、模式方面的创新，商品策略调整。

二、大数据与 C2B 商业模式

C2B 的商业模式是以消费者为中心，以需求为导向形成新型的协同价值链创造体系。C2B 模式的演化在互联网零售业中最为突出，互联网商圈汇聚了大量的、分散的个性化需求，这些需求通过分类、整理、归纳后形成数据生产要素，以倒逼之势，从销售端反馈到价值链的各个环节，促使企业在生产方式和管理方式上改革创新，具备更强的柔性化能力，并进一步推动企业的整条供应链乃至整个产业，形成新型的价值链系统，适应快速多变、高度个性化的市场需求。以消费者为中心的C2B模式，其创新和探索目前还只是发生在部分的商业服务环节，全链条的商业模式创新尚处于萌芽阶段。虽然由于行业属性、行业竞争结构存在差异，让C2B的特性在不同行业那里得到了不同程度和不同形式的体现，但所有行业的企业，看到的却都是同样的未来：以消费者为中心的商业模式将逐渐取代以厂商（制造）为中心的商业模式，以把握和理解消费者的需求为核心，把消费者引入生产和设计的过程中来，改革和创新供应链与内部管理系统。

（一）C2B的过去与现在

电子商务是指在互联网（Internet）、企业内部网（Intranet）和增值网（VAN，Value Added Network）以上电子交易方式进行交易活动和相关服务的活动，是传统商业活动各环节的电子化、网络化。自20世纪90年代初至今，电子商务已经发展了将近25个年头。期间按模式的出现时间顺序，电子商务先后经历了B2C（如阿里巴巴等）、C2C（如淘宝网、易趣网等）、B2C（如天脑网、京东商城、一号店等）三个阶段。今天，一种新的模式正呈现出方兴未艾的发展势头，这就是C2B（Customer To Business）。

这一概念最早在美国流行起来。该模式的核心是通过聚合分散但数量庞大的用户形成一个强大的采购集团，以此来改变B2C模式中用户一对一出价的弱势地位，使之享受到以大批发商的价格买单件商品的利益。

（二）C2B的未来：大数据定制

上面的种种C2B模式，用户都需要主动参与其中。互动、调研、预售、团购、定制、选配都是主动行为。为了让用户"主动"参与，企业势必要下一番功夫，费一番心思，消耗人力、物力、财力以及时间成本。那么有没有办法利用高科技，更为智能、更为经济地达到这一目的呢？

2014年5月，阿里巴巴公司的一个里程碑式的动作似乎在告诉业界他们有这个打算。当时阿里包下了美的、九阳、苏泊尔等十余个品牌的12条生产线，专为天猫平台特供小家电。众所周知，阿里在天猫、淘宝平台上积累了大量交易数据、用户属性数据。通过时下最为流行的大数据分析技术，阿里可以凭借所掌握的数据以及分析成果，去指导这些生产线的研发、设计、生产、定价。这种开创性做法令人耳目一新，因为同样是指导厂家的设计、生产、定价，但用户却是被动地参与这个过程。这是一种用户不知不觉参与的C2B模式，可以总结为"大数据定制"。要做到大数据定制必须具备几个条件：①有海量的数据；②这些数据能够挖掘出对生产商家有指导价值的结果；③具备挖掘这样的数据的技术能力；④有能力整合生产、流通和销售这些关键环节。

符合以上几点要求的企业其实并不多，甚至可以说是凤毛麟角。这也是为什么只有像阿里巴巴这样规模的公司才敢于尝试。这种方式既能够帮助厂家更好地满足用户的需求，也有助于帮助厂家减少库存、提升销量。规模化的结果是用户和厂家一起瓜分减少的成本。这种C2B模式的C是全网用户，并不需要兴师动众地组织团购，组织投票，组织调研。

用户在电子平台的所有行为，包括搜索记录、浏览记录、驻留时间、商品对比、购物车、评价数据被天猫全程记录，同时用户的个人资料，如性别、地域、年龄、职业、消费水平、偏好、星座等信息早已被天猫用来进行分析并给出了用户画像。这时候可以对用户进行交叉分析、定点分析、抽样分析、群体分析。将它们沉淀的行业数据分享给厂商，从价格分布、关键属性、流量、成交量、消费者评价等维度建模，挖掘出功能卖点、主流价格段分布、消费者需求、差异化卖点等有价值的信息来指导厂家的研发、设计、生产。大数据挖掘只有通过这种方式才能落地。最终分析的结果，可能是80%的用户会购买某种颜色的冰箱，可能是20%的用户在购买泸州老窖白酒时希望买到度数低一些的酒，可能是一部分购买洗衣机的用户希望厂家能送个外罩。这些结果自然可以帮助到家电进行特别的功能设计。除了指导功能，天猫还可以通过地域和时间分析指导生产线不同季节的产量和不同地域的库存。

第二节　大数据背景下跨境电商的新发展

一、大数据时代对跨境电商的影响

（一）企业内部的因素

作为网络贸易的成功结合，跨境电商的成功，与整个企业的设施机构等支持是离不开关系的：企业的网络设备发达、企业成员对网络研究透彻、对电商企业能够进行一系列的研究。在国际贸易的不同时期，电商有着不一样的用途，所以对电商网站有着不一样的要求。要求网页的加载速度和稳定性、对物品的信息全面、对各类消息的及时更新、与客服联系的简便、能够在线对订单操作、提供厂商信息、共同研讨客户的意见、有资料库、对客户的意见认真对待。

跨境电商可以说是对外贸易与信息技术结合的产物，正是这两种元素的结合，决定了跨境电商的发展必须要有一定的基础条件，即企业的内部应该要具有一定的信息基础设施，为跨境电商发展做出支持和保障。在企业内部运营过程中，信息化程度对跨境电商的发展有很大的影响，而企业内部员工的技术与素质以及企业的信息系统、维护技术等，都会直接决定跨境电商的发展态势。

（二）外部营销因素

了解国外客户的网购习惯，能够让自己的网站更加容易被大中发现并使用。进行这样的模式，能够使自己的公司产业在世界里展现出来，通过电商达到企业登上世界舞台的目的，达到拥有世界客源的目标，对客户需要什么，公司应该时刻关注。对外贸易的企业，尤其是主打欧美市场的，欧美国家的电商发展得较为完善，他们更加喜欢利用电商交易。所以大部分用户都偏爱网购，所以对外贸易的公司应该加快自身电商的发展。

企业在跨境电商中发挥了十分重要的作用，企业是制定其电子商务营销战略的主体，为了满足国外更多客户的需求，企业必须要加强对国外市场的了解，并且要对这些信息进行综合，从而获得更加全面的消息，设计出更多适合国外消费者的产品，促进企业营销水平的提升。由此可见，外部市场环境对跨境电商的发展有一定的影响。

（三）领导层决策因素

对开展跨境电子商务的企业而言，领导者的决策对企业的发展也有非常关键的影响，企业的领导者的决策是跨境电商能否正常发展的重要保证，尤其是对一些中小企业而言，企业的决策者的任何一个决策，都可能会导致企业飞速发展或者受到影响。上层领导的决策标志着电商的成功与否。对中小企业来说，国际环境过于复杂，在电子商务发展中需要明确的方向，如建立电商的网络平台，应该对客户的需求来进行建立，在世界已被认可的平台进行推广。因此，企业的领导者必须要加强对跨境电子商务行业的了解，对市场进行分析，才能做出更加科学的决策。

二、运用大数据深耕跨境电商

对许多企业来说，以前企业仅仅使用来自交易产生的数据报表，随着大数据时代的到来，大量来自网络的数据迎面而来，一部分企业将这些数据拥有并利用，来提高自身经营效率。绝大多数电商希望能够利用所谓的大数据，使得企业得到进步，他们投入大量资金对大数据进行研究，结果却不尽如人意，大数据仍然停留在云端，并没有带来多少现实的收益。将国内现有的企业对大数据的使用进行总结归纳，研究先进企业的案例后，笔者接下来从3个方面进行描述：大数据用于企业对外销售、大数据用于对内运营、大数据用于领导层决策。

（一）大数据用于对外销售

与过去的死缠烂打或者等鱼上钩的模式相比，大数据下的销售模式在各个方面都有优势。大数据的销售是在基于各种用户数据研究下的结果，影响消费者的心理，在消费者购物前，直接影响其对目标商品的选择。大数据的销售模式除了帮助顾客选择自身所需的商品，使顾客购物方便快捷。

它还具有以下功能：

1. 实现渠道优化

从网络上的数据中了解从何种渠道能够吸引更多的客户，哪种来源的顾客的购买数量比较多，是不是所需的目标顾客等，从而将各种资源有理化的投入所需要的市场中去。例如，豪车的经销商，通过对客源的追寻来对网络渠道中的商品资源进行改变，如官方网站、搜索和博客的投放。

2. 精准营销信息推送

客户在互联网对商品进行搜索查看后，其浏览记录将会留在数据库，企业希望能够得到这些重要的数据。一些企业通过对这些数据的收集研究，按照消费者自身的要求来进行发展，找寻自己的顾客，然后根据这些信息对这些顾客进行消息推送。比如，知名的网络服装品牌七格格，通过对微博里的用户评论，日常搜索来进行数据分析，将一部分可能对其产品有兴趣的用户归纳一起，对他们实行信息的推送。

（二）大数据用于内部运营

相比大数据销售，大数据在企业的自身管理中，对企业自身的数据库以及对数据的收集和分析要求是极高的。将企业的大量对外贸易数据以及企业自身内部管理决策数据有理化的相结合，在对其经行专业的研讨分析，对提高企业内部运营效率的大数据应用包括：

1. 优化自身商务网站

利用大数据所提供的信息来改变自己的网络平台。通过了解消费者对网络平台的使用习惯以及对网络平台外观的要求，来不断完善自身的网络平台。

2. 改进店内运营

关注客户对自己网站的评论，研究客户在评论中所表达的需求。了解客户需要什么，利用大数据进行各方面的条件进行研究。最终完善自身对于环境客户的了解情况。

3. 提升顾客忠诚度

优衣库利用大数据来研究客户的忠诚度，如一次购买多种产品的客户类型以及顾客减少的标志，如曾经进入网站，仅仅是看了看就离开的，然后对此进行一系列的措施；对可能成为老顾客的人，推动其购买的决心；对可能减少的顾客，则提高优衣库在其内心的印象。

4. 帮助企业进行商品需求预测

淘宝上的化妆品电商，通过网络顾客对化妆品品牌的搜索量来决定是否销售该品牌的产品。

5. 提升供应链效率

农夫山泉综合各地区需求、路费、天气、配送范围、季节、不同地区的价格、各地人工成本、突发情况等场景来决定每个地区分配多少产品，对线路的指挥，资源的去向，最大程度地节约物流开支。

6. 改善顾客服务

一些电器企业通过大数据了解自身产品的有关性能，及时掌握故障前兆，为顾客提供贴心准确的服务。

（三）大数据用于领导层决策

在大数据时代，企业将面临各种来自网络世界的信息，能否深刻地研究使用这些信息数据，这将成为企业优势的一项前提。利用大数据对外贸易和利用大数据对内管理，对将大数据进行合理的收集分析是困难的。因为它需要一种对数据依赖的习惯，已经有少部分的企业开始进行试验。例如，国内某些金融机构。在展现出新的金融产品时，会尽可能地分析该产品的实际效果、将会有多少顾客、各种交易数据和价格数据等，最后才决定是否出售这类的产品。但是，研究表明，目前中国利用大数据进行决策的企业少之又少，大部分的企业领导在进行表决时，依旧习惯利用过去的经验以及自己的直觉。

三、跨境电商平台的转型

跨境电商平台是一个"自由，开放，通用，普惠"的全球贸易平台，在这个平台上，全世界消费者可以买全球，中小企业可以卖全球，真正实现了全球化无缝链接。国内 B2B 出口综合平台有阿里巴巴、中国制造网、环球资源等，还有各类行业专业出口平台。同时，Google Yandex 等涉及跨境贸易有关营销推广的部分搜索引擎、广告类平台属于 B2B 出口平台。阿里等 B2B 平台运营的盈利模式主要还是会员制，搜索关键词竞价、P4P 点击付费、其他贸易增值服务等。B2B 出口平台上的卖家主要是境内的生产商、贸易商，买家主要是境外的贸易商、批发零售商、生产商、网店主等。

Alibaba.com 平台是目前全球最大的跨境 B2B 平台。平台为客户提供商品信息展示、交易撮合的基础服务，并开始打通外贸综合服务模式。阿里巴巴已经初步发展形成国际B2B(阿里巴巴国际站)、国际B2C(阿里全球速卖通、淘宝海外、天猫进口)以及国际支付(国际支付宝ESCROW与支付宝跨境使用)、物流(菜鸟物流)与外贸综合服务(阿里一达通)等各类应用、平台、服务互动发展的跨境生态圈。

(一)信息展示平台到交易平台转型

1. 信息展示平台到交易平台转型概况

在电子1.0时代,阿里巴巴B2B网站作为信息平台帮助不少外贸企业解决了信息的展示和获取问题。随着电商进入2.0时代,单纯作为信息通道B2B网站难以满足外贸企业的新要求。

2.0时代,对B2B网站的定义是交易平台,这个平台要从以前的信息展示平台转变为承接交易的平台。2015年,阿里巴巴推出的信保产品就是其转型成果的一个体现。信保依托阿里巴巴平台积累的大数据,为企业提供交易上的权益担保,主要体现在安全性和履约性两个方面,由阿里巴巴进行背书,让买卖双方交易更加放心。如今,阿里巴巴国际站正处于从信息展示平台向交易平台转变的爬坡期。这个转型既包括顶层设计和组织架构的调整,也包括市场策略的转变。

2. 自贸区跨境电商平台运营模式

在自贸区跨境电商交易平台上,零售电商对各企业的跨境商品都要经过严格的查验,并且所有商品在跨境电商平台上都明确标明商品价格、关税以及邮费。跨境电商交易平台不仅与物流企业、支付企业、仓储等进行信息对接,还依托电子口岸信息平台,通过对接公共信息服务平台与税务、海关、检验检疫等部门信息共享。在消费者购买跨境商品后,跨境电商平台将对每样跨境商品进行即时追踪,让消费者可以及时获取商品定位、检验、通关、税收等信息,让跨境交易更加透明化和公开化。

(二)大数据——跨境商业企业的金矿

实现线上交易平台的功能并非阿里巴巴转型的最终目标,阿里的下一步在于大数据挖掘。在以往的传统线下交易模式中,数据是无法积累的,而线上交易却完全可以实现数据积累。当前阿里巴巴已经将数据积累放到了前所未有的高度。"因为数据能体现出企业的信用,而信用最终能转化为财富"。"对企业来说,数据将是一个最大的金矿"。这个金矿的价值表现在:一方面商家可以通过数据获取更多的商业机会,且科学有效地维护自己的客户体系;另一方面,数据可以转化为物流、金融方面等其他分层分级增值服务的全面支持,助力企业更好、更顺利地展开跨境贸易。

"通过大数据来反哺网站上的买卖双方以及第三方等各个相关者,将是未来五到十年内B2B网站的一个发展趋势,这可以称为电商的3.0时代。"电商3.0时代,阿里巴巴国际站对客户的核心价值将体现在"快、准、省"三大方面。

随着平台交易模式的升级,Alibaba.com已经计划将信保产品和一达通外贸综合服务平台在全球范围内进行推广,用阿里巴巴平台的力量、经验、资源为全球卖家背书,一方面彻底解决线上交易信任这个核心问题,另一方面为企业扫除出口、退税、结汇等方面的壁垒。作为专业综合服务平台,一达通可以不断帮助企业解决出口、退税、结汇方面的难题,提高效率,降低成本，同时帮助企业积累数据，沉淀数据。"对于供应商而言，我们的转型升级以及我们对于数据积累的运用将会在未来给供应商带来不菲的价值"。在电子3.0时代到来之时，交易流程透明化无疑是大势所趋，当贸易流程和成本控制不再成为商家的痛点，信息安全却有可能成为很多商家担心的问题。"首先，Alibaba.com是秉承开放、透明、公平这六字原则来进行运营的，从技术层面上阿里巴巴完全有能力确保交易数据的安全"。任何新的变革都需要时间去适应，率先拥抱变化的商家一定很快享受到信息数据的红利，因为阿里巴巴交易平台体系其实是向原有供应商和采购商都开启了一扇彰显自身实力和信用的大门，而开启的大门之外非但不是已有商机流失，反而是更多优质商机的呈现。从平台的定义和属性来看，国际站本身不做自营业务，阿里巴巴国际站转型升级的本质是通过搭建"互联网＋外贸"的基础设施，建设"外贸生态圈＋交易大数据"，从而为中小外贸企业赋能。

不管是信用体系的培育还是综合配套服务的完善，在大数据模式的驱动下，平台交易化都将是阿里巴巴国际站必须跨越的第一步。平台交易化和全球化是阿里巴巴国际站的长远战略，Alibaba.com将在外贸大数据时代到来之前，完成向交易型平台模式的彻底转型，并让它尽可能覆盖全球更广阔的市场。

四、电商企业的发展模式

数据最大的一个特点就是，它不再是样本思维而是一个全体思维，大数据不再进行抽样调查、不再分析部分数据，而是尽可能地全面分析所有数据。同样，大数据与跨境电商相结合也不再追求的是"大生产+大零售+大品牌+大物流"，而是基于个性化定制与柔性化生产的供应链的结合。其实大数据不在于数据的大，也不在于数据的多，其核心就在于谁能把手中拥有的数据创造更多的收益价值。对跨境电商市场来说，如果一个跨境电商企业的期望完全来自通过纯粹的技术层面来对大数据的运用来从中获取利益，就是对数据资源的一种浪费。任何的大数据最开始都是空洞的数字，只有在商业运营中，大数据才能帮助跨境电商企业做到全局性和系统性的统一。

（一）按需定制模式

现阶段下的跨境电子商务处于一种随机选择的状态，企业通过展会、网络等方式来吸引消费者，然后再随机地选择消费者群体。大数据时代跨境电子商务最突出的一个特点就是对消费者进行个性化需求的满足，也就是按需定制的模式。这种按需定制模式有三个特征：①运用跨境电商平台或者社交网络以及移动终端来收集属于消费者有价值的信息，再借助目前正在发展的云技术分析消费者数据，从根本上了解消费者的需求，按需定制个性化产品和服务；②根据消费者的潜在需求，了解消费偏好，按需定制属于消费者自己的产品和服务；③在企业价值链上了解其他企业的情况，共同合作，取长补短，快速地定制定型化产品和服务，更大程度地满足消费者的需求心理。

需模式仍然处于发展的初级阶段，各种技术仍然不完善，伴随着大数据和数据分析技术的发展，按需定制的模式一定会满足更多人的服务，从而带动消费者的需求。按需定制模式是精准有效的营销模式，精准且有效的营销和策划一直以来都是跨境电商企业追求利益最大化的有效方法。以云技术为核心的数据分析使得精准的策划和营销成为可能。例如，大数据对广告的精准投放能够起到促进的作用，通过数据的挖掘，然后建立数据库，分析了解每一个消费者的消费心理，最后配以最合适的广告，真正地做到每个客户看到的广告都不一样。

（二）线上线下结合模式

跨境电子商务的价值链不仅包括实体的价值链，还包括虚拟的价值链。在这个信息使用率越来越频繁的时代，虚拟价值链的地位就会越来越重要，对外贸易会逐渐地从实体贸易转向虚拟化。对外贸易实体企业与跨境电子商务的结合实现了线上和线下的结合，对其所处的阶段不同，两者之间的结合也是有差别的，最后也会带来不同的效果。第一阶段，社交软件、移动终端与跨境电子商务平台相结合，实现初步的线上线下结合；第二阶段，消费者的消费习惯迁移，实现线上线下的深度融合。在这个阶段，消费者已经完全适应了线上的购物方式；第三阶段，线上线下资源的全面融合。这种模式影响了消费者的生活习惯，跨境电子商务企业能够利用碎片化的时间来管理好企业，从而能满足消费者的需求。对跨境电商来说，提升用户对跨境电商平台的用户体验是服务的核心。哪个企业能够从用户中占据好的口碑，哪个企业就能占据市场。另外，提升跨境电商平台的用户体验也离不开大数据的支持。当跨境工商行业已经拥有了面对大数据所带来的巨大财富时，意味着数据服务必将成为跨境工商行业发展的趋势，出售数据和相关服务已经成为行业热点。这样的结合便产生了很多处理大数据的公司。例如，E店宝就是专门针对跨进电商的后台专门做数据分析处理的云计算公司。E店宝的CEO陈涛说"在整个跨境电商甚至是电子商务行业，有一半的企业都在使用我们的产品"，该企业的服务目的就是在于帮助客户搭建专属的数据中心。

第三节 大数据下跨境电商发展及面临难题分析

经济全球化的背景下和共建"一带一路"倡议，推动了跨境电商的发展，开启了多边贸易电子商务新商业时代，中国电子商务研究中心发布《2016年度中国电子商务市场数据监测报告》，显示2016年中国跨境电商交易额突破6.7万亿元，同比增长24%，由以上数据可知，我国跨境贸易逐年飞速发展，在带来巨大商业利润和国民经济指标提高的同时，跨境贸易也引发了一些困境和难题，因此解决出现的这一系列难题成为当务之急。

一、中国大数据下跨境电商现状

目前，国家政策的支持和大力发展的主要是海外仓库，在其他国家建立的海外仓库，货物通过各种运输方式从本国出口到其他国家，并储存到目的国的仓库内，在目的国本地销售的一种营销模式，国外客户通过网上下单，海外仓库在大数据的协同下，收集客户订单，并快速发出出货通知，直接从卖家本土国发货，从而缩短了订单周期和中转环节，完善了用户体验，为卖家提供"一站式"集仓储，分拣，包装，配送的服务链。

海外仓的设立，基本解决了以上出现的困境和难题。国内企业将商品通过大量运输的形式，运往目标市场国家，在当地建立仓库，储存商品，然后再根据当地的订单第一时间做出响应，及时从当地仓库直接进行分拣包装和配送，实现目的国的本地销售和配送。海外仓的实施建立鼓励了国内企业走出国门，向跨境电商方向发展，并且大大缩短了配送时间和成本，降低了清关障碍，跨境电商的贸易交易数量大，具有多频次、小批量的特点。报关、安检等操作频繁，同时加剧了物流成本的耗费，通过海外仓大大降低了物流成本，批量运输有效降低了运输频次，节省了物流成本和通关报检次数。对比我国当前跨境快递公司，海外仓加快了物流的时效。如果出现消费者退换货现象，货物可直接运回到海外仓，无须跨国运回，减少了不必要的迂回成本，这既保证了消费者的权益，提高了客户满意度，既解决了售后问题，也完善了客户需求服务链的各个环节，同时有利于开拓国际市场，推动跨境电商和线下物流同步发展。

二、中国跨境电商企业分析

随着经济全球化和人民生活水平的不断提高，国内消费者越来越倾向网购、海外购，"买全球卖全球"成为经济走向趋势，共建"一带一路"倡议的实施，正以各种各样的方式和路径催生跨境企业和平台的发展，互联网的信息流通性带动了商品的国际流动性，目前，我国跨境电商企业，像全球速卖通、淘宝、天猫，兰亭集势等企业发展迅猛，下面以全球速卖通和淘宝为例展开分析。

2016年全球速卖通平台进行了C2C到B2C的模式转变，品牌化的重新定位,并整合了数千家品牌商、生产商,与天猫强强联合,资源共享,加强了企业自身的服务保障和风险控制,迎来了跨境电商下的大发展。全球速卖通合作的快递公司主要是邮政包裹,其时效长,物流成本居高不下,海外客户体验不佳,也是企业面临的主要问题,卖家相关权益不够完善,发展还不够成熟。

淘宝是亚洲第一大网络零售商圈,主要针对国内消费者建立的大型C2C网络零售平台。在交易种类繁多的贸易平台中,商品同质化严重,价格低廉会致使质量参差不齐,售后服务没有统一标准,刷单造假现象普遍存在等,这些对消费者来说无疑是一个定时炸弹,这个问题亟待解决。

全球速卖通和淘宝是分别针对国际消费者和国内消费者的网上贸易平台。相比而言,淘宝发展更加成熟,安全保障体系更加完善,而全球速卖通也具有不可估量的发展潜力,解决目前出现的质量风险、安全风险、社会风险、造假风险等问题,将会完善平台的运作和管理。

三、针对企业面临难题和困境的建议

通过分析我国大数据下跨境电商现状及跨境电商企业,整合大数据资源,构建全球跨境服务链,服务链的构建是跨境电商中重要一环,可以降低物流服务链中的时间成本和服务成本,更好地为消费者提供标准一体化的物流服务。严格把控平台卖家信誉及商品质量,不管是淘宝还是全球速卖通,在平台运营种类多样性的优势下,卖家的信誉成为一个安全隐患,提高商家入驻平台的门槛,加强平台运营监控及加大售假惩处力度等方法,有利于平台的良性运作。

线下物流模块化服务价值链嵌入全球化价值链。引进国外先进物流设备，加强国内硬件服务。在人员配置方面，重视人员素质，聘用物流达到标准服务水平的专业人才，为了响应长期发展，物流公司需要注重物流专业人才的培养、学历及综合性能力，做到物流服务链集信息流、资金流、物流一体化全方位发展，合理利用大数据，根据消费者位置、时间、偏好等信息，及时对顾客的需求做出预期，建立智慧化平台服务体系，达到线上和线下的契合，并为之努力和创新。

四、国外平台模式分析

亚马逊成立于1995年，是美国最大的网络电子商务公司，目前已成为全球商品种类最多的网上零售商和全球第二大互联网公司，亚马逊的发展离不开互联网，更离不开跨境模式的运营，亚马逊之所以能够成为全球标志性跨境电商企业与其自身的物流竞争力密不可分。

亚马逊自成立至今，开创了一个又一个电商仓储物流模式，从汽车房到今天的机器人库房、直升机配送，这些智能化仓储设备引领物流行业的稳健发展，亚马逊现已组建了遍布185个国家和地区的全球运营网络。同时亚马逊也是最早发掘使用大数据的电商企业，人工智能及云技术的仓储物流管理的应用，加快了线上交易与线下物流平稳运行，提出了行之有效的解决办法。人工智能及大数据提高了仓储作业的效率，亚马逊提出的预测性调拨、跨区域配送、跨国境配送等创新型服务，为物流行业带来开创性引领作用，柔性生产极大地降低了仓储成本和人工服务成本，使仓储逐渐向标准化、智慧化发展。亚马逊电商网络平台已跻身世界一流物流企业，其提供的物流"当日达，次日达"服务，不但提高了消费者满意度，而且加强了物流竞争力。亚马逊的物流服务之所以能够远超其他物流公司和快递企业，得益于企业先进智慧型的物流技术，像智能机器人，"货找人，货位找人"的智能模式作业，无人机的生鲜配送等是远超其他跨境电商企业的软实力。通过智能入库管理技术，作业更加规范化、标准化，节省了人工成本，亚马逊对包裹做出预期判断，加强各个环节监控和商品的测量，给供应商提供了很大的方便，能够极大地提升商品的上市速度。通过大数据驱动的智能拣货和智能算法及后台的数据算法，将拣选路径优化，将传统作业模式以最高效率的路径代替，节省人力、物力和财力，根据先进先出、最佳路径的原则，将仓库的货物随机上架，系统根据库位中的 GPS 标签，标准的记录货物所在的区域。通过智能分仓和智能调拨技术，亚马逊结合大数据管理体系，实现了自动分仓和区域调拨技术及就近备货等便捷方式，"亚马逊物流＋平台"模式的成熟运用，加快了跨境贸易全球化发展。通过"精准预测，二维码精准定位技术"系统可以预测仓库的库存大小，并及时调整库存，分配库存，及时应对业务高峰期，每个仓库都编写一个特定二维码，通过二维码精准定位仓库，将每个仓库的货品统一编入系统，实现库存信息可视化，货品信息精确可达 99.9%。通过可视化订单作业，包裹追踪技术，不管是消费者还是合作商，都可以通过后台系统监测订单信息，包括包裹在途运输的位置和订单状态，从货物发出到收货人手中，对每个环节进行网上可视化追踪。通过亚马逊独特发货拣货技术，将不同种类的货物按方向分开，人员平均分配到各个路由上面作业，中间人员负责监控，每个细节都能充分掌握，这种拣货技术不仅提高了员工的效率，还能降低拣货的差错率，节省人力的消耗。

亚马逊电商平台，从线上营销机制到后台大数据系统机制及线下各物流技术的同步结合，使包裹的每个环节都实现可监控化、智能化，从而大大提高了仓储作业效率及客户满意度。

随着移动互联网的渗透和经济全球化发展，以及共建"一带一路"倡议的提出，带动着我国跨境电商走向全球化，但仍然面临一些困境和难题，结合亚马逊平台发展的模式优势和技术优势，提出可行性建议，为实现跨境电商和线下物流同步发展而做出努力，包括引用国外先进的物流技术，培养专业人才顾问，制定符合实际的营销策略，利用大数据创造客户和平台价值，"以客户为中心"的理念发展跨境电商企业。同时，创新是企业长久发展的动力和源泉，在我国政策的支持和带动下，抓住机遇，吸取国外跨境电商企业优势，全球一体化发展至关重要。

第四节　发展基于大数据的物流配送模式

大数据的定义是在一定的时间内用传统IT技术和软硬件工具进行感知、获取、管理、处理和服务的数据集合。在移动互联网、物联网、云计算等信息技术发展的带动下全球数据的增长呈几何级数。物流业已经积累了海量的数据资源。如果物流企业能以大数据技术为驱动，加速技术升级，达到智慧物流，那么这些数据资源就有可能会被完善保存、合理筛选、高效利用了。

物流园区链接了系统内外多方信息源,并实时进行高频的信息传递及数据交换,可成为各个行业企业的节点。如果物流园区能对现有业务进行升级整合,突破各个模块及环节之间的限制,通过先进的现代信息技术和大数据技术的整合,奠定智慧物流发展的基础,那么就会提高信息的利用率和准确性。

一、"智慧"型物流园区

基于大数据背景下分析跨境电子商务与快递的耦合。在大数据背景下,我国的电子商务和快递产业都提高了发展速度和扩展了发展规模。电子商务行业和快递行业是产生海量数据的行业,从顾客浏览网站上电子商务的商品信息到最后实现货物配送的过程,每一步都会产生海量的信息。电子商务行业和快递行业要充分利用大数据的优势并达到联动发展的目的,就不得不发展企业的信息技术,实现企业信息化。

外贸电子商务平台迅速开通的发展下,在亚马逊等注册过账户的卖家,每天都会有数以万计的订单,订单的目的国家有欧美、巴西、俄罗斯、印度等不同地区或国家。此外,订单产品也涉及服装、日用品、办公用品等各个方面;

海外客户对配送时间的需求也不尽相同,有急需或是不急需的;订单大小及订单率也不同,有的订单稍大,有的订单小但是多频次的。物流服务商将会以客户信息、商品特点、路程及具体要求作为根据来最智能化地设计最佳物流方案,且物流全程节点可视、可追踪、可进行及时调整,建立大数据背景下"物流方案的智能化"。

外贸电子商务信息平台由物流实体网络和物流信息网络两部分组成。第一部分是在地理集团上由物流企业、物流设施、交通工具、交通枢纽等部分的合理布局而形成的网络；第二部分则是通过互联网等现代信息技术把物流企业、企业以及电子商务企业等实体构建成的信息网实现共享，而信息网的功能为：实现运输工具合理的调配，实时跟踪物流。供应商、销售商和第三方物流都极其关心产品/服务在物流实体网络中的位置和产品所处环境的信息物流过程（尤其是特殊物流），希望第三方物流的物流信息网络可以达到货物良好的可视性和可控性，整个物流过程高度透明化。良好的技术能力和安全架构，能够实时获得在运货物物流过程中的各种信息，可以及时处理各种紧急情况、掌握事故处理依据和即时进行交易结算。

智慧物流将在物流业的各个环节中应用大数据、物联网、云计算等信息技术，优势为：物流系统模仿人的思维，全程采集、分析信息，然后做出决策；有自主解决物流中某些问题的能力，实现物流系统的智能化、网络化、自动化、可视化、系统化。

智慧型物流园区将"平台构造节点化、园区管理智能化、业务服务全程化、行业效益长远化"作为特色，在面向物流产业链时，园区相应的控制点与政府部门、供应链上下游企业、物流企业、金融机构等用系统集成、平台整合，配以传感器、RHD、无线视频传送、G1S地理服务、GPS监控等移动通信技术进行互联互通，对物流数据实现交换以及对物流服务进行整合，评价现有物流状况，未来有效预测并输出优化方案，使园区实现真正意义上的智能化。

二、智慧物流园区信息平台建设的供应链着力点

信息平台是智慧型物流园区的核心，建设的重点为：扩展信息平台的适用范围，高度提升与外界数据的共享度，实现全面整合物流。

（一）保证系统先进性

信息平台有三个智慧物流园区核心竞争力的体现分别是：应用范围广泛，服务对象众多，技术更新快。所以，我们在规划信息平台时起点要高，要以先进性为准则，依靠领先的技术来引领、规范、创新园区的业务发展。

（二）保证系统可拓展性

迅速变化的用户需求及快速发展更新的技术对信息平台的可拓展性提出了更加高的需求，因此智慧物流园区的建设是一个动态过程。信息平台的可拓展性体现在两个方面：第一是在内部的可拓展性，即信息平台系统功能的丰富和自我完善更新；第二是与外部信息的对接互换。但是不管是内部还是外部的可拓展性，都需要前期建设的规范化和标准化。我们只有在建设初期就提前为后期各种技术设备的连接和嵌入打下基础，才可以实现系统内外部的数据顺畅互换，以此提高平台的通用性、拓展性和互换性。

（三）提高平台分析决策能力

智慧物流园区的重要特色是智能分析和智能决策。想要分析决策能力得到提升，首先，需要依靠巨量数据做基础。所以，提高信息的存储能力，使物资流、资金流和信息流等数据得到更加有效的收集和储存，是提高平台分析决策能力的第一步。其次，构建包括各业务环节、全面覆盖物流园

区的数据管理平台以及信息公用模型，使园区数据实现无缝流转，提升数据中心结构化数据、空间数据、非结构化数据、实时数据的计算能力，提升数据集成管控能力。最后，使用先进的数据分析挖掘技术体现数据的使用价值。这不仅是建设的目标，还是建设的难点。每个成功的智慧物流园区信息平台，都只有将人工的、碎片化的、延时的数据分析转化为智能的、即时的、大数据的分析，才能给园区的回应能力、问题分析、运营优化以及设备评估等方面提供稳定、客观、迅速的依据。

三、大数据时代智慧物流信息平台的构建标准

（一）智慧物流园区信息平台建设的逻辑架构

1. 感知层

依靠发达的物联网技术，通过多种类型的信息采集装置，使用EIFID、条码、视频识别、传感器、GIS、GPS等先进的物联网技术的信息平台的数据采集层是感知层。它完成初始数据的收集，并实时跟踪物流的动态，及时反馈数据，达到初步的智慧感知，也为高层级的大数据应用积累了原始数据资料。

2. 数据层

运用大数据技术进行数据分析，并实现对感知层传入的数据进行过滤和存储是数据层的核心。感知层将收集到的非结构化数据、结构化数据、实时流数据和其他数据源传递到数据层。与此同时，通过开放的接口，从企业、政府、金融机构、园区管理部门等外部实体获取有关信息，把所有数据汇集在此，构造成巨大的数据源，给数据分析、挖掘提供多元丰富的

样本，从而保障数据分析结果的有效性。数据层通过电子数据交换技术（EDI）、云计算技术（Cloud Computing）、数据挖掘技术（DM）、数据仓库技术等，对海量信息实现储存和管理，并利用虚拟化技术、分布式处理技术、NoSQL、实时流数据处理和智能分析技术等为大数据的分析挖掘提供有力快速的技术支持。

3. 应用支持层

本层是以数据处理为核心，其主要两大组成部分是自配置处理及决策支持处理。通过 Stcmn、Pig 实时处理系统后存储到 Hadoop，MySQL 等数据落地层中，再由 HCatabg 元数据处理器等管理和应用，最后传送到数据处理中心进行自动的数据过滤与交换、数据挖掘、数据分析等。自配置处理的感知层采集到的 GPS、GIS、运单及环境等数据，在此形成的结果具有一定指向意义。可视化展示的输出，对物流信息管理产生将会有直观的指示作用。来自分布式数据库、数据仓库中的供应链、质押、财务等数据在经过 MapReduce/YARN 的分布式计算框架处理，最后再传送到数据处理中心，即可人为地调用及挖掘数据，进行决策。想要直观地获得路线、拼车、库存、自动分拣等优化方案，我们就需要对来自应用支持层中的自配置处理及决策支持处理对物流业务中产生的海量数据进行运输、仓储、交易、金融、管理分析等操作。

4. 应用层

信息平台中可向最终用户提供应用服务的重要平台是应用层，来达到支持用户联网的应用要求的目的。物流交易、园区管理、金融服务及公共信息中心四大模块是其中的重要组成部分。其核心功能区为物流交易中心，招投标、电子商务平台、一体化物流三大电子门户平台以及一个 SaaS 业务平台等。在其中的 SaaS 业务平台接收三大电子门户平台的订单任务，然后由订单的物流业务特点来实现运输、仓储等业务的智能管理及控制，并在后期提供服务管理。

金融服务中心在对物流金融业务进行管理的同时，进行智能分析；在依照物流金融模式的同时，根据新型的金融服务逻辑架构，它是信息平台的增值功能区。园区管理中心对物流园区进行有效管理，具有智能化和信息化的特征，它是信息平台的辅助功能区。公共信息中心衔接园区内的系统和园区外的各个公共系统，它是信息平台的拓展功能区。为用户提供有价值信息与数据的应用层在应用支持层调取数据，然后从表现层输出。

5. 表现层

表现层支持用户与信息平台进行信息交互和使用大数据资源，同时它也提出解决策略。通过相应渠道：手机、电脑客户端、电子屏幕、短信和其他终端，来对公共信息平台、物流园区门户、业务服务门户与交易平台门户进行访问，之后可以进行相关业务，如决策辅助、业务办理、信息获取和定制服务等。由此可见，表现层是数据处理结果的输出与展示端。

6. 用户层

用户层集聚了信息平台的使用者，园区管理者或企业已经不能够完全代表智慧物流园区的使用者。以营造开放性氛围的环境，集结运输企业、物流企业及客户、政府职能部门和金融机构，贯通业务流程，从始至终贯穿供应链，使数据实现共享，做出更加科学的决策，实现共赢。

（二）智慧物流园区信息平台的主要功能

1. 基础功能

安防电子监控。让视频监控等技术得到充分利用，并由摄像到图像进行显示与记录，构建一个完整且独立的系统。形象真实，实时智能地反映园区移动资产及固定资产的情况，保障和防护信息的安全。

数据处理功能。数据是智慧信息平台的构成基础，数据处理即指在信息平台上，运用大数据技术，分析所产生的海量数据并挖掘数据，过滤和存储感知层传入的数据。

信息发布服务。对物流园区和行业动态、自适应决策方案等信息进行自动发布或人为操作。

会员服务功能。该功能主要包括库存运输管理、交易统计、信用评估等，为会员提供个性化的定制服务。

园区资产管理。借用物联网技术和大数据技术，在物流园区，对停车管理、档口出租、物业收费等财物资源的管理实现信息化、智能化和现代化。

2. 核心功能

在线交易功能。为用户构建线上交易平台，交易双方对平台进行充分利用，发布供求资讯，及时更新信息。与此同时，用户可以在系统上直接进行商业行为，如下单、付款、退订等，极大地提高交易效率。

智能运输管理。分析订单信息和货物实时位置信息，从而提供最优化配送方案，解决路线的选择和配送问题。平台整合整个供应链，对长期积累的大量库存历史数据进行分析，以考虑库存成本、运输成本和客户服务水平为基础，选择最适宜的园区内物流企业库存量。

决策分析功能。建立数学模型，分析数据，在控制变量条件下对不同策略的优劣进行比较，对不同方案的预测结果进行公布，有利于管理人员完成对决策的制定工作。

交易撮合推荐。依照浏览记录、历史交易、客户需求等在用户页面上做出相应的推送，主要包括个性化产品、相关资讯、物流企业和物流方案等，努力提高交易成功率，在顾客搜寻相关信息时为其节约时间。

3. 拓展功能

环境实况识别。通过使用各种传感器连接到运载工具等，产生比较丰富的环境统计数据，它的数据集大概有，如测量臭氧、粉尘污染等。采用大数据技术，提取结构化或非结构化数据，如录像、实时的传感器数据等，可以向物流供应商提供有价值的数据服务，并且让房地产开发商和环境机构获得收入补贴，形成新的以数据驱动的商业模式。

数据接口服务。在对信息平台成长维度进行充分考虑的基础上，为信息平台后期建设提供可拓展和标准化的数据接口服务，如金融、政府和园区等这样的信息系统接口。

金融服务功能。高效物流的运转需要有金融服务的紧密配合，建立安全完善的金融服务系统，分析评估企业信用数据和供应链金融数据，通过物流信息网络平台为园区内物流企业提供保险、融资、金融决策分析和质押业务等金融服务。

政府监控功能。利用监管信息系统，政府部门监管园区物流企业情况，提供政策法规等服务，涵盖报检、结算、网上报关等，与政府部门进行无缝对接，简化行政手续并缩短业务办理时间。

其他园区服务。加强与其他物流园区的联动，让基于大数据的智慧物流园区可以更高效、方便、快捷地进行信息之间的互通，努力实现园区间的资源共享和业务协作，以构建智慧型物流网。

4.平台的结构设计

智慧物流信息平台主要可以划分为会员客户、服务机构、物流园区企业和物流企业四层物流机构。会员客户会文平台提供物流服务，是货物接收者或需求者；服务机构提供金融、税收和检验等服务；物流园区企业负责整合、调度、统筹园区资源，为了方便入驻的物流企业，对其提供平台服务；物流企业是为客户提供物流和相关服务的执行者。针对物流服务流程中的全部数据信息，首先通过感知进行采集，并借助移动通信技术和互联网技术的渠道将采集的数据传输到智慧物流信息平台的数据层；然后在数据处理中心对数据进行自配置处理：进行数据分析和挖掘，交换和过滤等，有利于业务流程做出正确的决策。在物流服务过程中，依托物联网、Web等技术，结合一些移动通信技术，如地球信息系统（GIS）、全球卫星定位系统（GPS）和移动监控平台等，有利于实现一些便捷功能。例如，远程监控调度、实时路线选择等，从而可以使资源利用率得以提高，使对事件的处理能力得以提升，使人们的出行安全性也可以得以提升。

智慧物流系统循环控制物流世界，目的是更好地使智能化得以实现。在信息平台中，依托移动通信技术与互联网技术，智慧感知采集物流业务产生的数据，应用建立数学模型智能分析所挖掘的历史数据，帮助用户进行决策，使决策更加优化。所以，依托大数据技术，对智慧园区信息平台进行构建，有利于智慧园区实现高效执行智能分析和优化决策的循环控制模式。

第五章 跨境电商发展的信息服务创新

跨境电商交易信息是指商务对象在跨境电商交易过程中所需的市场供求信息、客户信息、企业竞争信息、市场价格变化信息等。跨境电商交易信息服务模式包括四个方面的要素：一是跨境电商环境下针对目标用户的信息服务价值取向，二是可靠的跨境电商信息资源体系，三是独特的网络信息服务内容，四是与跨境电商信息服务内容相对应的盈利模式。其中，跨境电商信息服务的价值取向要以最大限度地满足其目标用户需求为中心，为目标用户提供其真正需要的信息产品与服务；可靠的信息资源体系是制造业跨境电商交易信息服务能够更好地传递自身的价值取向、最大限度地满足其目标用户信息与服务需求的根本保证；独特的网络信息服务内容，是指制造业跨境电商信息服务以其自身独特的信息资源体系为基础，向用户传递自身价值取向时的信息服务产品与服务提供方式；制造业跨境电商交易信息服务的盈利模式包括个性化信息与服务的出售、广告收入等。

基于制造用户需求的跨境电商交易信息服务内容主要包括：各种跨境电商交易信息检索服务、跨境电商交易信息咨询服务、跨境电商交易信息中介服务和跨境电商交易信息内容集成服务等。

第一节　跨境电商交易信息检索服务

信息检索是指将信息按一定的方式组织起来，并根据信息用户的需要找出相关信息的过程和技术。跨境电商交易信息检索服务是指信息服务提供商通过一定的技术手段或工具帮助用户获取进行跨境电商交易所需信息的一种有偿或无偿的活动，它是为方便用户在海量信息中迅速准确地获取有价值信息，解决互联网环境下"信息爆炸，知识贫乏"问题而出现的信息服务形式。

一、信息检索服务的主要业务模式

随着互联网应用的普及，整个网络上逐渐积累了海量的信息，成为一个超大规模的信息库。如何从 Web 上的海量数据中快速有效地找到跨境电商交易所需要的各类信息，是业界迫切需要解决的问题，基于企业开展跨境电商需求的各种信息检索平台应运而生。目前，跨境电商交易信息检索服务一般包括搜索引擎服务、智能检索服务、社会化检索服务和跨库跨平台搜索服务等业务模式。

（一）搜索引擎服务

搜索引擎是一个信息处理系统，一般根据一定的策略，运用特定的计算机程序从互联网上搜集信息，在对信息进行组织和处理后，将用户检索的相关信息展示给用户。搜索引擎包括全文索引、目录索引、元搜索引擎、垂直搜索引擎、全文搜索等类型。百度和谷歌等是搜索引擎的典型代表。

搜索引擎服务（search engine services，简称 SES）是指整合目前与搜索引擎相关的项目，为实现在搜索引擎上的特定展示效果而围绕搜索引擎所开展的专业化、系统化并能给客户带来更多核心价值的服务体系。搜索引擎服务依其所用信息搜集方法和服务提供方式的不同，可以分为关键词检索服务、目录索引服务、元搜索引擎服务、垂直搜索引擎服务、全文搜索引擎服务五种主要类型。

1. 关键词检索服务

关键词（keywords）在这里是特指单个媒体在制作使用索引时所用到的词汇。关键词搜索是搜索引擎索引服务的主要方法之一，通常是访问者希望了解的产品、服务和公司等的具体名称用语。

2. 目录索引服务

目录索引（search index/directory）也称分类检索，顾名思义就是通过搜集和整理互联网的资源，根据搜索到的网页内容，将其网址分门别类地分配到相关分类主题目录的不同层次的类目之下，形成分类树形结构索引。用户在查询信息时，如果按分层目录查找，某一目录中网站的排名通常是由标题字母的先后顺序决定（也有例外）。

目录索引服务是互联网上最早提供资源查询的服务形式之一，用户不必输入任何文字，只要根据网站提供的主题分类目录，层层点击进入，就可查到所需的网络信息资源。目录索引类搜索引擎中最具代表性的有 Yahoo 和新浪分类目录搜索。在默认搜索模式下，一些目录类搜索引擎首先返回的是其目录中匹配的网站，如搜狐、新浪、网易等；而另外一些默认的则是网页搜索，如 Yahoo。

目录索引服务虽然有搜索功能，但严格意义上还不能称为真正的搜索引擎，它只是按目录分类的网站链接列表而已。主要理由如下：首先，搜索引擎属于自动网站检索，目录索引则完全依赖手工操作。用户提交网站后，目录编辑人员会浏览该网站并根据一套自定的评判标准或主观印象，决定是否接纳该网站。其次，搜索引擎收录网站时，只要网站本身没有违反有关的规则，一般就会登录成功，而目录索引对网站的要求则高得多，有时即使登录多次也不一定成功。再次，在登录搜索引擎时，一般不用考虑网站的分类问题，而登录目录索引时则必须将网站放在一个最合适的目录。最后，搜索引擎中各网站的有关信息都是从用户网页中自动提取的，所以从用户角度看拥有更多的自主权，而目录索引则要求必须手工另外填写网站信息，并且还有各种各样的限制，如果工作人员认为所提交网站的目录、网站信息不合适，就可以随时对其进行调整。

3. 元搜索引擎服务

元搜索引擎（meta search engine）接受用户查询请求后，同时在多个搜索引擎上搜索，并将结果反馈给用户。著名的元搜索引擎有 Info Space、Dog pile 等，中文元搜索引擎中具代表性的是"搜星"搜索引擎。在搜索结果排列方面，有的直接按来源排列搜索结果，如 Dogpile；有的则按自定的规则将结果重新排列组合，如 Vivisimo 等。

4. 垂直搜索引擎服务

垂直搜索引擎（vertical search engine）不同于通用的网页搜索引擎，垂直搜索主要专注特定的搜索领域和搜索需求（如机票搜索、旅游搜索、生活搜索、小说搜索、视频搜索等），在其特定的搜索领域有更好的用户体验。相比通用搜索动辄数千台检索服务器，垂直搜索服务具有硬件成本低、用户需求特定、查询方式多样等特点。

5. 全文搜索引擎服务

全文搜索引擎（full text search engine）是从互联网上提取各个网站的信息（以网页文字为主），建立起数据库，并能检索与用户查询条件相匹配的记录，按一定排列顺序返回结果，向用户提供检索服务。在美国，搜索引擎通常就是指这类基于互联网的全文搜索引擎，这种引擎收集互联网上几千万到几亿个网页数量不等，并且每一个网页上的每一个词都被搜索引擎所收录，也就是所谓全文检索。国外典型全文搜索引擎包括谷歌，国内有百度等。

全文搜索引擎的自动信息搜集功能一般通过定期搜索和提交网站搜索这两种方式实现。

（1）定期搜索。每隔一段时间（如谷歌一般是28天），搜索引擎定期主动派出"蜘蛛"程序，对一定IP地址范围内的网站进行检索，一旦发现更新或新的网站，它就会自动提取网站的信息和网址加入自己的数据库。当用户使用搜索服务时，搜索引擎在数据库中搜寻用户输入的关键词，如果找到与用户要求内容相符的网站，便采用特殊的算法计算出各网页的信息关联程度，诸如网页中关键词的匹配程度、出现的位置或频率等，然后根据关联程度高低，按顺序将这些网页链接制成索引返回给用户。

（2）提交网站搜索。由网站所有者主动向搜索引擎提交网址，然后搜索引擎在一定时间内（2天到数月不等）专门向该网站派出"蜘蛛"程序，扫描并将有关信息存入数据库，以备用户查询。当用户以关键词查找信息时，搜索引擎就会在数据库中进行搜寻，如果找到与用户要求内容相符的网站，就采用特殊的算法，通常根据网页中关键词的匹配程度、出现的位置或频次、链接质量等，计算出各网页的相关度及排名等级，然后根据关联度高低，按顺序将这些网页链接返回给用户。

需要说明的是，由于近年来搜索引擎索引规则发生了很大变化，主动提交网址并不一定能保证网站可以进入搜索引擎数据库，因此目前最好的办法是多获得一些外部链接，让搜索引擎有更多机会找到指定网站并自动将其收录。

（二）搜索引擎优化（SE能O）服务

搜索引擎优化分为站外SEO和站内SEO两种，通常不需要网站主动登录搜索引擎，而是让搜索引擎自动发现目标网站。搜索引擎优化方式包括搜索引擎定位（search engine positioning）和搜索引擎排名（search engine-ranking），其主要目的是改善网站对搜索引擎的友好性即通过增加特定关键词的曝光率以增加网站的能见度，进而增加销售机会。

1. 信息门户网站服务

门户网站（portal），是指通向某类综合性互联网信息资源并提供有关信息服务的应用系统。门户网站最初提供搜索服务、目录服务，后来由于市场竞争日益激烈，门户网站不得不快速地拓展各种新的业务类型，通过门类众多的业务来吸引和留住互联网用户。目前就信息门户网站而言，主要可分为综合信息门户网站和专业信息门户网站两大类。其中综合信息门户网站主要是指一些综合了用户多方面的信息需求，能提供行业推荐、信息发布、通信助理等服务，能满足用户现实和潜在的各类信息检索需求的综合信息服务平台，如中国电信的"号码百事通"。与制造业跨境电商交易信息检索服务业务紧密相关的是专业信息门户网站服务模式。

2. 专业信息门户网站的含义

专业信息门户网站是指主要提供某方面的专业信息，满足用户对信息"专""精""深"需求的信息服务平台。专业信息门户网站一般是垂直门户网站，专业特色显著，提供某专业领域"一站式"的信息产品与服务。为制造业跨境电商交易提供信息查询服务的专业信息门户网站，如国际船舶网（www.eworldship.com），是目前中国船舶行业影响力最大的行业门户网站之一，提供船舶行业的信息服务。

3. 专业信息门户网站服务特点

专业信息门户网站提供的信息服务通常具有以下特点：①专业信息门户网站中大多数资源是经过专家对某一专业领域的信息资源进行严格的人工筛选的，符合其质量选择与控制标准；②有详细的元数据（或目录）记录数据库，这些记录对网上资源进行描述并提供指向资源的链接，指引用户获取所需信息；③用户既可以利用关键词对数据库进行搜索，也可以通过主题分类浏览数据库；④提供信息增值服务，如信息推送服务、定题跟踪服务、信息咨询服务、个性化信息服务等。与制造业相关的典型专业信息门户网站主要有中国钢铁网、中国纺织网、中国化工网、国际船舶网等。

（二）智能检索服务

智能检索以文献和检索词的相关度为基础，综合考查文献的重要性等指标，对检索结果进行排序，以提供更高的检索效率。智能检索的结果排序同时考虑重要性和相关性，重要性指通过对文献来源权威性分析和引用关系分析等实现对文献质量的评价，这样的排序结果更能将与用户愿望最相关的文献排到最前面，从而提高检索效率。相关性分析则采用各字段加权混合索引使分析更准确。

例如，百度公司研发的"跨领域推荐"搜索技术，可更智能精准地感知用户需求，并为其主动提供个性化信息服务。所谓跨领域推荐搜索技术，就是能够智能性地感知和理解不同用户对信息的需求，并跨越产品、平台的局限，调用全网资源去努力满足这些不同类型的需求。通过这种新搜索技术，用户不用烦琐地查询或者订阅邮件，就能及时获得所需信息。在移动互联网时代，由于终端局限性，网民们不搜即得的需求变得更加迫切。例如，当上千个App挤在狭小的手机屏幕里而用户无从取舍时，跨领域推荐技术则可根据每个用户的不同兴趣、习惯来为用户推荐最适合的App，也有可能针对用户的位置、时间等信息所反映的生活场景变化，进行实时的个性化推荐。

（三）社会化检索服务

社会化检索服务就是既通过社会化搜索引擎形成一个有共同爱好的人际圈子，又通过搜索每个人的爱好和收藏为用户提供更为准确的信息。社会化搜索引擎通常都具备元搜索、收藏、圈子等功能，来满足用户需求并最终达到全社会知识共享的目标。

社会化检索服务的主要宗旨是向用户提供更好的搜索体验和服务,让用户能够快速地找到所需信息。社会化检索一般不涉及最底层的搜索技术,主要是利用传统搜索引擎的搜索结果进行处理,并根据用户的喜好提供给用户。国外的 dogpile 等元搜索引擎能够得到发展和壮大,主要得益于国外传统搜索较多,并且企业实现共赢的理念普遍为企业主所接受;在中国要实现企业资源社会化共享还有相当长的路要走,现阶段主要是需要改变搜索行业及跨境电商平台企业对相关资源垄断控制的局面。

社会化检索服务依托社会化媒体环境。目前的社会化媒体主要是Web2.0 下的一些工具,如博客、微博、即时信息、社交网站(如脸书、开心网、人人网)等。

随着推特、脸书、微博、微信等强势社交产品的诞生,"人人都是自媒体"成为可能。原有的内容生产方式发生了变化,互联网的话语权开始由媒体转入公众,每个人都可以发声,而且发声的内容也越来越多,甚至渐渐成为互联网信息海洋的大多数。据有关报告显示,脸书通过大量用户获得了海量自发性分享的数据,每天上传超过 3 亿张图片和超过 1250 亿个好友关系。根据 IDC(互联网数据中心)的数据,全球网民创建及分享的数字信息,包括文档、图片和推特信息,在过去 5 年中增长了 9 倍。

未来的搜索引擎需要满足两个基本点:一是将人作为搜索业务中的头等目标,搜索结果必须要与用户的社交关系结合;二是搜索引擎呈现的结果必须要尽可能完善,将人们的数据尽可能地涵盖在内。

（四）跨库跨平台搜索服务

1.跨库检索。跨库检索是指以同一检索条件同时检索多个同构或异构的数据库。通常在数据库列表中选择要检索的数据库之后，再进行跨库检索，且一次选择跨库检索的数据库一般不超过8个。跨库检索功能主要通过两个页面体现，一是在检索首页，二是在跨库检索页。检索首页提供数据库选择、跨库快速检索两项功能，而跨库检索页通常设有跨库初级检索、高级检索、专业检索、查看检索历史页面等。

2.跨平台搜索服务。以云搜索引擎CloudMagic为代表，提供跨平台信息服务解决方案，实现当前所有云服务的兼容性。这项服务在2010年上线，最初是作为提升Gmail搜索速度的浏览器插件，后来扩大至iOS和安卓平台，增加了对Google Docs、Google Contacts、Google Calendar、Microsoft Exchange和twitter等服务的支持。此外，KiteDesk、Otixio、Primadesk等类似服务也在进行这方面的尝试。这项服务虽然颇具前瞻性，相比主流消费群体，它对云服务用户的帮助往往更大一些。新版Cloud Magic支持iPhone、Android UK indleFire和iPad等终端，尽管搜索速度不错，且实用性很强，但移动版Cloud Magic在用户当中的普及程度十分有限。

二、信息检索服务的主要盈利模式

盈利模式通俗地讲，是指能够在一段较长时间内稳定维持的利润来源。跨境电商交易信息查询服务常见的盈利模式主要包括竞价排名、付费分类目录登录、购买关键词广告、网页内容定位广告、付费搜索引擎广告等。

（1）竞价排名

竞价排名是按照付费最高者排名靠前的原则，对购买了同一关键词的网站进行排名的一种方式。竞价排名信息服务，是由用户为其网页购买关键词排名，按点击计费的一种信息服务方式。用户可以通过调整每次点击的付费价格，控制其在特定关键词搜索结果中的排名，并可以通过设定不同的关键词捕捉到不同类型的目标访问者。目前最流行的点击付费搜索引擎主要有百度等。由于竞价排名一般采取按点击收费的方式，因此，通过对用户的点击情况进行统计分析，还可以方便地了解相关市场信息。

（2）付费分类目录登录

付费分类目录登录主要取决于费用，网站信息只有在缴纳费用之后才可以获得被搜索引擎收录的资格和由搜索引擎提供的固定排名服务。随着搜索引擎收录网站和网页数量的增加，用户通过分类目录检索信息的难度也在加大。同时，由于大量的信息没有登录到搜索引擎，使得一些有价值的信息无法被检索到，即使付费登录也避免不了这种状况。

（3）购买关键词广告

关键词广告也称"关键词检索"，是在搜索引擎的搜索结果中发布广告的一种方式，与一般网络广告的不同之处仅仅在于，关键词广告出现的位置不是固定在某些页面，而是当有用户检索到所购买的关键词时，才会出现在搜索结果页面的显著位置。购买关键词广告，即在搜索结果页面显示广告内容，实现高级定位投放，用户可以根据需要更换关键词，相当于在不同页面轮换投放广告。

不同的搜索引擎有不同的关键词广告显示位置，有的将付费关键词检索结果显示在搜索结果列表最前面,也有的显示出现在搜索结果页面的专用位置。关键词广告具有较高的定位程度,可以随时修改有关信息,收费模式相对而言比较合理。

(4)网页内容定位广告

基于网页内容定位的网络广告载体不仅仅是搜索引擎的搜索结果网页,也延伸到其信息服务的合作伙伴的网页。尽管目前国内基于网页内容定位的搜索引擎信息服务还没有进入实用阶段,但在国外这种盈利模式的应用已十分广泛。

(5)付费搜索引擎广告

付费搜索引擎广告有多种计费方式,目前常用的主要有每千人成本(CPM)、每点击成本(CPC)、每行动成本(CPA)、每回应成本(CPR)、每购买成本(CPP)、按业绩付费(PFP)、来电付费广告(TMTW)等。

每千人成本(CPM,即 cost per mille,或者 cost per thousand,或者 cost per impressions)指的是广告投放过程中,听到或者看到某广告的人平均每千人分担到多少广告成本。每点击成本(cost per click,简称 CPC)是指以每点击一次计费。每行动成本(cost per action,简称 CPA)是指广告主为每个行动所付出的成本,也称按效果付费成本。这里的"效果"是指广告投放实际效果,即按回应的有效问卷或订单来计费。每回应成本(cost per response,简称 CPR)是指以浏览者的每一个回应计费。每购买成本(cost per purchase,简称 CPP)是指广告主为规避广告费用风险,只有在网络用户点击广告并进行在线交易后,才按销售笔数付给广告站点费用。按业绩付费(pay-for-per-formaiice,简称 PFP)的基准有点击次数、销售业绩、导航情况等，这种计价模式将得到广泛的采用。来电付费广告，即展示不收费，点击不收费，只有接到客户有效电话才收费。

第二节　跨境电商交易信息咨询服务

跨境电商咨询服务是基于互联网、应用跨境电商模式开展的信息咨询服务。跨境电商交易信息咨询服务主要针对跨境电商交易过程中所需要的相关信息所展开的信息咨询服务，如企业跨境电商运营咨询服务、企业跨境电商战略规划咨询等。

跨境电商交易信息咨询服务机构既可以是信息服务提供商，也可以是信息产品开发商，可以提供针对新产品研发的动态信息、融入信息咨询人员隐性知识的增值信息产品等咨询服务，具有多种业务模式。

一、跨境电商交易信息咨询服务的业务模式

跨境电商交易信息咨询服务不受时空地域限制。开展跨境电商交易过程中，信息咨询服务机构可以采取"专注重点，兼顾一般"的服务策略，针对制造领域开展多层次、全方位的服务，保证所提供的专业信息咨询的权威性、可靠性、准确性，保留与不断吸引该专业领域的用户。跨境电商交易信息咨询服务提供商既要提供针对一般层次水平的免费服务，以此增强用户体验和吸引更多的用户来访问企业网站。同时要专注"核心客户"和"核心业务"，善于将有针对性的市场调查报告、高价值的预测报告的摘要、成功案例的概况在网站主页加以展示，不断激发有高层次服务需求的

用户的购买欲，以便为其提供有偿的信息咨询增值服务，以高水平的服务质量来实现其咨询服务的价值。

根据信息咨询服务的内容特点，跨境电商交易的信息咨询可以采取如下多层次的信息服务方式：

（一）指引型咨询服务

这类咨询通常属于免费服务范围，主要是对用户提出的一般知识性问题，通过查阅工具书及有关书刊资料等各种信息载体直接给予答复，或者指引用户自己查阅有关的工具书及其他书刊资料以求得问题的解决。提供指引型咨询服务可通过常见问题解答（FAQ）服务、电子邮件及 Web 表单等方式来实现。

（1）FAQ 服务。跨境电商交易信息咨询服务提供商根据长期的信息咨询服务实践经验和对用户的调查，将用户最可能问到或实际咨询最多的问题和答案编辑成网页，并在跨境电商交易信息咨询服务网站主页的显要位置建立链接，以便用户查询。这种方式有利于节省用户和咨询业务员的时间，降低咨询服务成本。

（2）利用电子邮件及 Web 表单开展信息咨询服务。这是国内外跨境电商交易信息咨询服务提供商最早开展的一项网上咨询服务方式，也是目前网络参考咨询服务的主要方式之一。利用电子邮件及 Web 表单开展信息咨询服务包括三种形式，一是简单的电子邮件问答服务，这种形式很普遍；二是在普通的虚拟咨询台上设置 Web 表单，用户通过填写 Web 表单来提问；三是将简单的电子邮件服务与 Web 表单服务结合起来提供网络咨询服务。例如,上海图书馆的联合知识导航服务系统采用的就是第三种服务方式,用户碰到问题时先填写 Web 表单,然后根据咨询系统对各位咨询人员的介绍选定适合回答该问题的咨询业务员,提交 Web 表单时将经过系统自动将其转换为电子邮件的方式转送给指定的咨询业务员,咨询业务员被允许在一周内以最快的速度以电子邮件的方式回答用户的提问,用户最终以电子邮件的方式获取问题的答案。

(二)市场研究咨询服务

市场发展形势的专业化分析与咨询是跨境电商交易信息咨询服务的重要内容之一。市场经济是以市场作为资源配置的方式和手段的一种经济体系,其本质特点是根据市场的供求关系决定产品的生产,并以对市场需求的调查作为决策的主要依据。在竞争激烈的市场环境中,谁占有准确的有关市场发展前景的信息,谁就有可能立于不败之地。因此,跨境电商交易信息咨询服务机构可以为企业的生产与经营项目提供专业化的市场分析报告。

(三)竞争情报服务

竞争情报(competitive intelligence)是关于竞争环境、竞争对手和竞争策略的相关信息和研究活动,其宗旨是提高企业竞争力.主要功能是辅助企业决策或提供危机预警。美国哈佛商学院学者认为竞争情报是关系企业生死存亡的第四种因素。竞争情报系统就像是企业对竞争环境和竞争态势的监视器,可以实时监视国内外竞争环境的变化和竞争对手的动态。

竞争情报服务,就是利用竞争情报系统跟踪各种媒体和网站上发布的信息，并根据用户的要求，按月、按周或按日提供专业的监测和媒体分析报告。对于用户而言，监测分析报告可以让其及时了解所属行业的主要新闻综述、政策法规信息、市场动态资讯，审视自身和竞争对手的媒体覆盖范围、客户与其竞争对手的见报率以及报道中所采取的态度等分析结果，为其经营决策提供帮助。

总之，跨境电商交易信息咨询服务机构可以针对用户某专业领域的信息服务需求，充分利用自身独特的信息资源、资金、技术、专业人才等优势，凭借其众多的媒体专家和覆盖全国的媒体监测网络平台、广泛的社会关系，通过快速、全面、准确、立体化的媒体监测和分析服务，为企业提供全面的市场信息（包括企业竞争对手的信息）和相关专业领域的竞争情报服务。

（四）高层次科技信息咨询服务

借助具有一定资质和提供增值信息服务能力的信息咨询服务机构，可以为制造业科研团体和个人提供产品研发所需的系统全面的原始信息和数据，或领域科研发展动态以及预测的科学报告，或跟踪整个科研进程为立项、实施、成果鉴定和评审等阶段提供不同的专题动态信息，为企用户提供高层次的科技信息咨询服务。

科技查新方面的信息咨询服务是企业高层次科技信息咨询的一个重要内容，是为科研人员的科研选题和科技成果鉴定提供信息服务的。科研选题是科学研究的起点，也是科学研究工作能否顺利开展的关键。选题是否准确，关系到课题本身的成败、水平的高低，对学科本身的发展起着决定性的作用。选题查新须包括对课题的历史、现状及发展趋势、前人成功的经验或失败的教训以及目前的国内外水平等文献资料进行全面分析与对比，以便选中那些具有生命力、创造性与竞争性的课题。此外，科技查新对科技成果是否具有独创性的鉴定具有十分重要的意义。

（五）企业信息战略咨询服务

战略咨询业是咨询产业中的最高层次。信息战略作为企业战略的一个有机组成部分，服从并服务企业总体战略及长远发展目标，必须根据企业发展目标、经营策略和外部环境以及企业的管理制度方法，从企业发展全局出发对企业信息化进行系统、科学的规划，为企业整体战略实施提供最大限度的信息保障。

信息战略咨询服务是根据企业自身的信息化状况和信息服务需求，在对企业信息化建设进行全局性观察和分析的基础上，提供包括企业信息战略的内容和发展阶段、企业信息战略与企业总体战略的关系、企业信息战略的环境分析、信息资源分析、企业信息战略设计与实施等内容的信息咨询服务。

对于企业而言，跨境电商信息战略咨询服务是通过对企业的IT基础架构进行全面的调查了解，在了解企业跨境电商使用情况、存在问题、未来需求的基础上，为企业跨境电商应用与信息服务提出纲要性的目标和指导，设计出企业真正需要的跨境电商信息服务支持系统，并保障企业信息战略的实施，使得跨境电商信息服务体系与制造生产、经营业务结合得更充分，针对性和科学性更强。

二、跨境电商交易信息咨询服务的盈利模式

跨境电商信息咨询服务机构可以通过提供信息产品和服务给有需要的用户而获利，其常见的盈利模式有：

（1）客户信息服务解决方案有偿服务。客户信息服务解决方案有偿服务模式是以客户为中心，通过整合信息资源，追求最大化满足客户的信息咨询需求和偏好，实现客户价值。通常情况下，企业客户跨境电商信息服务解决方案主要有顾问式服务、定制化解决方案等，可以帮助企业提升企业网站的用户体验及黏性，提升媒体影响力及广告收入，提供正确的网上销售产品的方案策略等。

（2）研究报告销售。跨境电商信息咨询服务机构还有一项重要工作，就是不懈地致力于互联网经济领域的基础性行业信息调研、产品的创新研发信息收集及跨境电商数据挖掘，在此基础上形成各种专业信息研究报告。跨境电商信息咨询服务机构可以通过销售此类研究报告给有需要的用户而获利。例如，艾瑞咨询网就提供互联网各行业的研究报告，包括手机支付、移动跨境电商、网络广告、网络游戏、网上购物等市场调研报告，其报告分免费的简版和收费版，收费报告一般收取几千元到几万元不等。

（3）专业评估服务。对企业而言，借助专业评估服务在正确认识自身的基础上，选择适合其发展的战略和方法是不可或缺的。跨境电商信息咨询服务机构可以通过提供此类评估报告给有需要的用户而获利。常见的专业评估服务有网络营销分析服务、跨境电商用户分析服务等，通过对跨境电商用户行为进行连续性的数据追踪以及专业化、系统化分析，实时监测

用户的访问趋势，深度挖掘用户喜好及行为特点，帮助企业准确掌握生产经营活动效果。

（4）在线信息咨询服务。通过提供在线信息以及咨询服务取得收入。例如，提供科技查新方面的信息咨询服务，可以通过信息流量费、人工协助检索费、高质量的专题科研报告交易费来实现其经济效益。

（5）广告与业务受理服务。通过信息服务咨询网站的促销广告、代理保险和其他交流形式赚取广告费；通过受理相关信息服务业务获得佣金收入，以及为买卖双方交易提供便利信息而从交易总额中抽取一部分提成。

第三节　跨境电商交易信息中介服务

Sarker，Bulter 和 Steinfield 将中介定义为"支持生产者和消费者之间的市场交换，通过集成交易，创造规模经济和范围经济而提高交换过程效率的组织"。从广义上说，所有便于潜在交易者进行交易的中间对象都可以视为中介，如交易市场、银行等。

网络的迅速发展，使其能为人们提供越来越多地涉及社会经济生活方方面面的海量信息，人们的精力大量花费在筛选匹配信息的工作上，而不再是获得信息上。这就使人们产生对信息中介的需求，期望信息中介能辅助其收集整理信息，提高筛选信息的效率。实践中能满足人们这类需求的很多信息中介均得到了迅猛的发展。

本书所述的跨境电商交易信息中介，是指针对买方和卖方的交易信息通过网站平台进行协调的中介组织，只考虑跨境电商活动中信息流（信息交换服务）这一部分工作，并不涉及跨境电商交易中的物流以及资金的流动。跨境电商交易信息中介服务可以有效地降低交易双方的信息不对称性程度。

一、跨境电商交易信息中介服务的业务模式

跨境电商市场因其一些固有特性，迫切需要与其发展相配套的中介服务模式的支持。现阶段市场上存在的主流跨境电商信息中介服务模式大致可以分为三类：交易信息平台服务模式、面向众包的服务模式、交易信息集市化信息服务模式。

（一）交易信息平台服务模式

交易信息平台服务模式是指为买卖双方提供交易信息和一定信用保障的中介平台，通过对买方或卖方收取一定的费用从而盈利。这类信息中介不直接参与产品的供给和需求，主要依靠数据库对双方的交易信息进行管理，其提供的服务主要是为买方和卖方提供一个能达成交易的信息平台，辅助双方进行网络交易，在提供交易信息的同时还起一定的监管作用。用户可以通过这类信息中介服务网站了解其感兴趣的信息，以减少用户进行在线交易时的信息不对称性。为此，商家必须通过跨境电商信息系统把其所提供产品和服务的相关有效信息发布给用户，让用户最大化地了解其所需产品的信息和企业形象，从而提高用户的购买欲和商品的在线成交量，达到增强商家竞争能力的目的。

在互联网环境下，跨境电商活动中的信息发布具有发布范围广、内容

多样、提供24小时的全天候信息服务等特点。基于交易信息中介平台适用于制造业跨境电商活动中供需信息发布的方式主要有：文本方式、图片方式、动态图像和声音方式。

1. 文本方式

基于Web的静态文本信息的发布是跨境电商网站最基本的功能。随着动态网页技术的发展，在BPS模式的跨境电商信息系统中，利用服务器端的Web容器对脚本语言的支持，与数据库进行链接并及时动态地显示信息。服务器响应用户的HTTP或HTTPS请求，传送到客户浏览器端的信息以HTML或XML方式表示出来，HTML和XML是Web中各种元素的组织语言，对文本文字、图片和影音元素的链接信息等进行组织。HTML(Hypertext Markup Language)即超文本标记语言，是一种用来制作超文本文档的简单标记语言，它能独立于各种操作系统平台（如UNIX，WINDOWS等），自1990年以来HTML就一直被用作Web的信息表示语言。XMU Extensible Markup Language)即可扩展标记语言，它包含一组基本规则，利用这组规则任何人都可以创造出符合自己特定应用领域需要的标记语言，这样创造出的标记语言所描述的不再是信息的显示方式，而是信息本身的某种属性。XML也和HTML一样使用一组元素作为标记，但和HTML不同的是，XML不再是一种单纯的标记语言，而是一种定义语言。XML能以显式术语和嵌套结构在文件中给信息内容本身加上某种属性的标记，并且这种标记可以由用户随意定义。也就是说，利用XML可以设定自己的标记语言，从而突破HTML只有一种固定标记集合的约束，即利用XML可以定义无穷多的标记来描述Web中的任何信息属性。

2. 图片方式

图片资料是网络传播信息的重要组成部分,图片具有表达信息内容的优势,可以增强信息的感染力,使发布的信息丰富多彩。用作 Web 信息发布的图片格式有很多种,其中常用的是 JPEG 格式和 GIF 格式。

3. 动态图像和声音方式

动态图像和声音方式对信息的表达是全方位的,也是较充分传播信息的方式之一,Flash 动画和视音频文件就是属于此类信息表达方式。Flash 动画是流媒体形式的一种应用,在互联网上以流的形式传输,具有极强的交互性,配上声音时具有生动的表现力。Flash 动画是基于矢量的图形系统,各元素都是矢量的,占用的存储空间很小,很适合在网络上传输与使用。目前,商务网站中基于 Flash 动画的广告宣传短片的应用也非常之多。视音频文件表达的影像和声音信息十分丰富,其在网络上传输的方式主要有下载和流式传输两种形式。由于网络带宽的限制,视音频文件下载常常要花较长的时间,不适宜跨境电商信息发布速度的要求,而流式传输则正好解决了下载形式所遇到的这种问题。在互联网上商家常将视音频文件以流式方式及时传输给用户端以增强信息发布的强大性。

现阶段为制造用户提供信息中介服务的平台主要有中国制造网(made-in-china.com)、中国制造交易网(www.c-c.com)、阿里巴巴(1688.com)、环球资源(global sources.com)等。

(二)面向众包的信息服务模式

众包(crowd sourcing)概念最初由美国《连线》杂志的记者杰夫·豪

提出，指的是企事业单位、机构乃至个人把过去由员工执行的工作任务，以自由自愿的形式外包给非特定的社会大众群体解决或承担的做法面向众包的信息服务模式是一种描述源于用户信息需求发布活动并以问题解决为中心，服务主动与利用自助相结合的集成式信息服务模式。这里"源于用户信息需求发布活动"是指众包信息服务模式基于企业或个人将其信息需求通过中介网站发布，寻求解决者这一行为方式。"以问题解决为中心"是指此模式的核心目标是解决已发布的信息需求，从征集所得一项或多项解决方案中寻求最优。"服务主动与利用自助相结合"是指解决者通过网站信息发布等方式主动发现问题或需求并自行决定是否提供服务与提供何种质量的服务。"集成式"是指对具有信息的差异性、资源的分布性以及管理的自治性的网络信息资源及其服务进行集成并实现对分散系统的有效控制。

面向众包的信息服务模式包括发包方（信息需求发布者）、接包方（需求信息提供者）和信息服务中介平台这三个角色。在面向众包的信息服务模式中，信息需求既是服务的起点也是终点。有意成为接包方的用户在进行任务寻找时身份是信息需求者，此时的发包方是信息的提供者；当有意成为接包方的用户在接受了某一项或多项确定任务之后，其身份即转变为需求信息提供者，所接受任务的发布者即成为信息需求一方。因此，面向众包的信息服务模式是把信息需求发布和提供看成一种过程，对信息的搜集、整理、存储、开发都具有需方和供方的双向性。

面向众包的信息服务模式，要求信息需求发布者和需求信息提供者都具有很强的主观能动性，同时要求信息服务中介平台具有强大的信息集成能力。面向众包的信息服务模式可以实现的基本功能主要包括信息集成服务、垂直信息服务、智能知识服务、信息交易服务等。信息集成服务功能是指对具有信息的差异性、资源的分布性以及管理的自治性的网络信息资源及其服务进行集成并实现对分散系统的有效控制，面向众包的信息服务模式实际上是一种通过资源共享和集成服务形成集聚效应的信息服务模式；垂直信息服务功能是通过提供富于个性化、专业性和创造性的精品信息服务，最大限度地满足用户的信息需求；智能知识服务功能是指面向众包的信息服务模式能通过人工有序地进行信息生产整合、知识积累沉淀而转化成智力产品，从而极大地释放和利用大众群体的智力资源；信息交易服务功能是指面向众包的信息服务模式。从商务角度看，实质上就是一种将人的知识、智慧、经验、技能通过互联网转换成实际收益的新型信息交易模式。

（三）交易信息集市化服务模式

交易信息集市化服务，是指通过集成买方或卖方来简化交易步骤，并向买方或卖方收取一定的项目费用以盈利。

交易信息集市化服务模式以用户参与为理念和主要信息来源，通过网络用户的参与打造强大且不断丰富的信息库，在形成影响力的基础上挖掘相关网站的商业价值。例如，大众点评网为这类信息服务模式的典型代表，它一方面利用口碑的力量在用户与企业之间搭建起消费平台，按消费金额向企业收取一定比例的佣金；另一方面，依托网站人气，在不影响用户体验的前提下引入关键词和精准广告。该商业模式的核心是人气，能否恪守独立和客观的社区氛围是营造人气的关键，其消费群体既是信息的发布者，也是信息的消费者。

交易信息集市化服务与平台服务的区别在于，它是一个促进买卖双方进行交易的辅助工具，并没有真正让双方在网上进行交易。如果说平台是传统商品超市的信息化，这类信息中介则是信息商品的集市化。

二、跨境电商交易信息中介服务的盈利模式

盈利模式是商业模式的核心，任何商业模式的优劣评判，最终都需要通过盈利状况来验证。跨境电商交易信息中介服务商为买卖双方提供交易撮合的中间平台，主要依靠会员费、广告、交易佣金以及竞价排名等增值服务方式盈利。以阿里巴巴网络公司为代表的跨境电商信息服务中介公司能有如此的发展，说明这个行业有着较大的盈利空间。

调查资料显示，现阶段跨境电商交易信息中介服务网站的主要收入来源是会员费和广告费，选择这两项为主要收入来源的受调查者分别为56.5%和69.5%；约有30.4%的受调查者表示交易佣金已成为其网站收入的主要来源之一。其他收入来源还包括为卖家提供融资贷款（13.0%），收取信息交易费以及物流、仓储、认证等增值服务费（13.0%）等。

1. 会员费

企业通过第三方跨境电商平台参与跨境电商交易，必须注册为此类B2B网站的会员，只有每年要交纳一定的会员费，才能享受网站提供的各种服务，目前会员费已成为我国B2B网站最主要的收入来源。例如，阿里巴巴网站收取中国供应商、诚信通两种会员费，中国供应商会员费分为每年4万元和6万元两种，诚信通的会员费为每年2300元；中国化工网每个会员第一年的费用为12000元，以后每年综合服务费用为6000元；五金商

中国的金视通会员费为1580元/年。

2. 广告费

网络广告是门户网站的主要盈利来源，同时是B2B跨境电商网站的主要收入来源。阿里巴巴网站的广告根据其在网页中显示的位置及广告类型来收费。中国化工网有弹出广告、漂浮广告、banner广告、文字广告等多种表现形式可供用户选择。

3. 交易佣金

位居行业领先地位的网商均采取这类"年费+交易佣金"的模式。平台使用费其实就是网上的"通道费"，而交易佣金则是网上的"销售扣点"。例如，目前国内典型的大宗商品B2B交易信息中介服务型平台金银岛、生意社等交易佣金为其核心业务收入；再如QQ商城的收费则采取"平台使用服务费+交易佣金"模式，其中平台使用服务费收费标准为单店铺每年计费，交易佣金采取"销售额X类目费率"方式计算，类目费率在0.5%~5%之间浮动，可能涉及的收费服务项目包括信息发布费、技术服务费、积分推广活动服务费、空间使用费、二级域名服务费、其他商业推广或技术服务费用等。

4. 竞价排名

企业为了促进产品的销售，都希望能在交易网站的信息搜索中排名靠前，而信息中介服务网站则在确保信息准确的基础上，根据会员交费的不同对排名顺序作相应的调整。例如，阿里巴巴网络公司的竞价排名是诚信通会员专享的搜索排名服务，当买家在阿里巴巴搜索供应信息时，竞价企业的信息将排在搜索结果的靠前位置，以便被买家第一时间找到。中国化工网的化工搜索是建立在网站 chemnet.com 上的化工专业搜索平台，能对全球近 20 万个化工及相关网站进行搜索，同时采用搜索竞价排名方式，确定企业排名顺序。

5. 信息交易服务费

信息交易服务费可以采用会员费等形式直接由信息中介机构一方收取，或者根据信息中介服务机构不同，采用佣金模式、下游用户付费模式、上游企业和商家付费模式等。例如，在面向众多的信息服务模式中，信息需求提供者可以在多项任务成果中选择采用一项最优方案并支付报酬，中介机构提取报酬的固定百分比作为其服务所得的佣金。

此外，一些跨境电商交易信息中介服务平台还推出了"关键词竞价排名""黄金展位""品牌告位服务"等收费服务，以较小的固定资本运转了极其庞大的资金流，从而获得大量利润。

第四节　跨境电商交易信息内容集成服务

信息集成是针对某一特定领域某一特定用户的需求，以信息为对象，信息资源为本体，服务为动力，网络技术为手段，协同作业为方法，将信息资源诸要素有机融合并使之优化的动态体系重构过程。集成的核心是以资源作为大系统，采取技术手段进行整合，实现要素优化、资源共享。随着跨境电商应用的普及和发展，企业网站积累了海量异构的半结构化或非结构化数据，如何从 Web 异构数据源中抽取、集成所需的数据信息，以便对跨境电商系统中的客户信息能够进行更深层次的分析利用，是众多企业面临的重要问题。

一、信息内容集成服务的实现技术

(一)Web 上半结构化数据抽取技术

对于跨境电商系统积累的不同来源、不同组织结构的海量数据信息要进行集成并进一步实施数据挖掘等深层次分析，首先必须屏蔽 Web 数据源的异构性，其次需要有较完善的半结构化模式抽取与数据集成技术支持。

（1）定义半结构化的数据模型。要屏蔽 Web 数据的异构性，解决异构数据的集成与查询问题，必须要有一个统一的数据模型来清晰地描述 Web 上半结构化数据源，屏蔽它们的平台、系统环境、内部数据结构等方面的异构性，对它们进行无缝连接，实现统一使用。因此，针对 Web 上数据半结构化的特点，定义一个半结构化的数据模型是实施 Web 海量信息集成及进一步挖掘分析的重要步骤。

（2）半结构化模式抽取。跨境电商系统数据库的数据源多且复杂，既有网站自身积累的半结构化数据，也有对异构数据源集成处理所得的大量半结构化数据。由于半结构化数据缺乏独立于数据的模式，在对这样的数据进行操作（如查询）之前，除了要定义一个半结构化数据模型，还需要一项技术能够自动地从半结构化数据中将这个模型抽取出来，这就是所谓的模式抽取。模式抽取是对半结构化数据进行数据挖掘分析的基础。

（二）基于 XML 的 Web 异构数据集成转换技术

现阶段跨境电商系统平台上的文件主要为 XML、HTML 和关系数据等类型。从信息集成角度来看，关系数据模型过于严谨，无法有效地表示半结构化和非结构化数据；HTML 对文档的要求也过于完整，且不能定义数据的层次，没有提供编程接口解析它所携带的数据，无法真正实现各种应用程序、数据库及操作系统间的数据交互。XML 与关系数据模型和 HTML 相比，可以表示更多样化的数据格式，能够使不同来源的结构化、非结构化数据很容易地进行合并。因此，在 Web 挖掘的数据预处理阶段，用 XML 作为异构数据源集成应用的中间数据模型来屏蔽 Web 数据源的异构性，可以较好地解决跨境电商数据挖掘中的技术难题。

（1）HTML-XML 转换模型的技术实现

为了实现 HTML 文档向 XML 文档转换，可以利用斯坦福大学 Papa-konstantinmi 等人提出的 OEM 数据模型，首先将 Web 上的 HTML 文档加工为树型结构的形式，然后用相关算法映射成 XML 文档。转换的主要过程是：首先抽取 HTML 文档所表达的包含许多对象的模式信息；其次，对 HTML 文本内容进一步分析以确定对象属性及对象间的语义关系，形成一个完整的数据模式；最后，确定结果 XML 的所有文档标记，明确待转换的 HTML 文档信息与结果 XML 文档信息的映射关系，并根据这些映射关系，扫描 HTML 文档，输出结果 XML 文档。

（2）XML-RDB 转换模型的技术实现

传统的面向关系型数据的挖掘方法如 Apriori 算法等不能直接应用到

XML 文档挖掘上，必须将 XML 的模式（DTD 或 XMLSchema）映射到关系数据库模式。由于 RDBMS（关系数据管理系统）注重的是数据而非格式，以往的映射方法一般只是在数据层面实现信息的保留，XML 文档的部分物理结构（CDATA、实体等）和一部分逻辑结构（处理指令、注释等）信息则可能会在转换中丢失。为此，笔者设计挖掘模型时采用文献提出的三表映射模式的思想，将 Web 中没有模式信息的 XML 数据和结构信息转换成三个关系表格（路径表、边表、数据表）存储到关系数据库中，以实现 XML 格式的 Web 数据向关系表的转换。

1）路径表。路径表用来存储 XML 文档中的路径信息，其元组构成为：path(Path_id，Pathexpress)

其中，Pathexpress 是路径表达式，采用目前通用的 XPath 规范，表示从根节点开始到任一子孙节点的路径；Pathjd 是与路径表达式对应的路径编号。路径表中每条不同的路径对应唯一一个路径标志。

2）边表。边表用来存储 XML 文档树中所有不包含叶节点的边信息，其元组构成为：

edge(Pathid，Doc_id，Source，Target，Label，Order，Flag)

其中，Path_id 是与路径表达式对应的边所在的最长路径的编号；Doc_id 表示所描述的边所在 XML 文档的名称（即 Web 页面的名称）Source 表示所描述的边的源节点标识；Target 表示所描述的边的目的节点标识；Label 表示所描述的边对应的标识；Order 表示目的节点对应元素在兄弟节点中的顺序（只有元素节点有顺序，为便于处理，系统实现时所有属性节点的顺序被设置为1）；Flag 表示该边的目的节点到它的孩子节点的边是否属于边表，Flag 为 Ref 时表示属于边表，Flag 为 Val 时表示当前的目的节点到它的孩子节点的边属于数据表。

3）数据表。数据表存储 XML 文档树中所有包含叶节点的边信息，用来存放元素的原子值或者属性值。其元组构成为：

data(Path_id, Doc_id, Source, Target, Label, Order, Value)

其中 Path_id, Doc_id, Source, Target, Label, Order 项的含义周边表，Value 表示叶节点的值，对应元素的原子值或者属性值。

路径表保留了 Web 数据的结构信息；边表保留了 Web 数据结构中的父子关系信息；数据表保留了 Web 数据的原子信息（包括元素的原子值和属性值），同时提供该值对应的路径和所在 Web 页面的信息。通过这样三个表，可以清晰地将 XML 文档表达的 Web 数据映射到关系表中。

这样处理后，避免了转换过程中信息的丢失，并将针对 XML 数据的操作转换为关系数据库的操作，从而将针对 Web 信息的数据挖掘转换成基于关系数据库的数据挖掘，并且在后续进一步实施数据挖掘需要查询抽取数据时，可以有效地避免查找不满足条件的路径，减少遍历节点的数目，提高数据查找和抽取的效率。

（3）RDB-XML 转换模型的技术实现

关系数据是完全结构化数据，其结构相对较简单，可以生成具有不同语义的信息视图，并能很自然地用 XML 形式的数据加以表示。但是，由于关系数据不能直接表达语义，数据之间的语义通常要由数据的完整性约束来定义。因此，转换的关键是将基于表和列的集合数据转换为含有丰富语义信息的 XML 层次嵌套结构的数据，这个过程实质上是将一个预先定义好的视图内容转化成 XML 格式显示。技术实现关系模式到 XML 模式的转换，可以通过深度遍历转换规则，逐个创建文档对象模型（documentobjectmodel，简称 DOM）树的分枝，最终完成整个 XML 文档 DOM 树的创建。

二、信息内容集成服务的业务模式

一般情况下采用 XML 集成多个不同数据源的信息，只需要把来自不同数据源的信息先转成 XML 文档，然后再处理经过解析器解析的数据流即可。任何应用程序只需要知道两种格式，即本身的和 XML 的，就可以通过 XML 为中介实现与其他应用程序的信息交换。

1.Web 半结构化数据抽取与集成服务

Web 半结构化数据抽取与集成服务可以借助一个基于 XML 的 Web 数据集成与用户访问数据挖掘模型实现，首先以 XML 作为公共数据模型将来自 Web 上不同数据源的跨境电商数据转化到统一的数据框架中，进行交互、转换和进一步的数据挖掘分析处理，从而达到更有效地利用信息资源的目的。Web 信息抽取与集成的流程如图 6-1 所示。

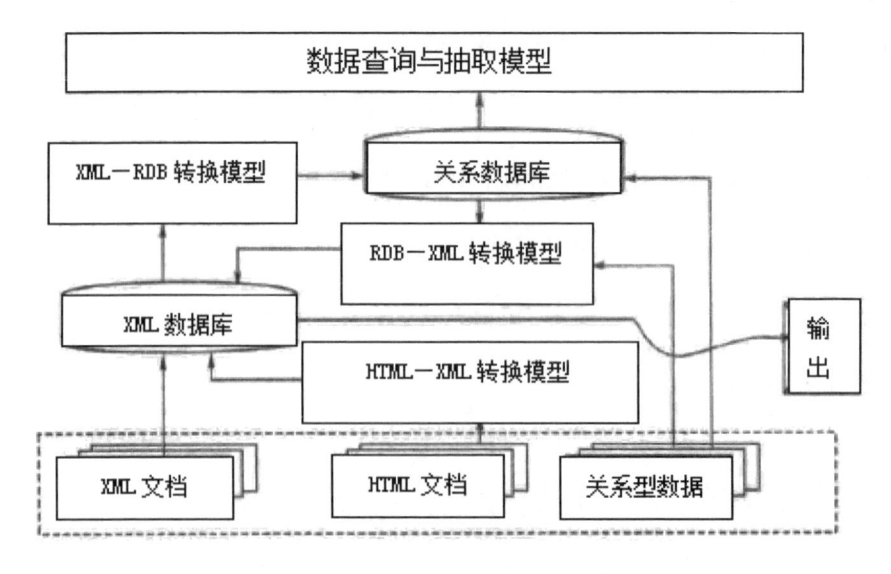

图 5-1　Web 信息抽取与集成的流程图

在模型所示的挖掘流程中，对于 Web 信息中的 XML 文档可以直接放入 XML 数据库中等待下一步处理；HTML 文档经由 HTML-XML 转换模型转换为 XML 文档后放入 XML 数据库中；关系型数据则根据用户使用的关系型数据库管理系统（RDBMS）的类型分别进行处理，同构的关系型数据直接放入关系数据库中，异构的关系数据则经由 RDB-XML 转换模型转换为 XML 格式放入 XML 数据库；所有 XML 数据均由 XML-RDB 转换模型转换为关系型数据存储在关系数据库中。然后，由数据查询与抽取模型从关系数据库中进行查询操作，并抽取相关数据运用数据挖掘算法模型中的挖掘算法进行挖掘处理。

该挖掘模型具有一定的自学习和自适应能力，可以用于制造业跨境电商交易信息内容集成服务。若模型挖掘未达到预期效果，可以将其放回关系数据库中重新抽取数据进行挖掘，前阶段的挖掘结果也可以放回关系数据库中通过重新抽取实时数据进行动态更新，这就使得挖掘过程的智能性和挖掘结果的实用价值都有了很大提高。最终挖掘结果既可用传统方式输出，也可由RDB-XML转换模型将关系数据表示的挖掘结果转换为XML格式可视化输出。

（1）网络数据库服务。网络数据库（network database）是跨越系统平台在网络上创建、运行的数据库。网络数据库中数据之间的关系可以是1∶1、1∶N或M∶N的关系，这种关系也不是只有一种路径的涵盖关系，而可能会有多种路径或从属的关系。

网络数据库有三层含义：①在网络上运行的数据库；②网络上包含其他用户地址的数据库；③信息管理中数据记录能以多种方式相互关联的一种数据库。网络数据库任何一个记录可指向多个记录，而多个记录也可以指向某一个记录。实际上，网络数据库允许两个节点间有多个路径。

网络数据库服务是指把数据库技术引入计算机网络系统中，借助于网络技术将存储于网络数据库中的大量信息及时发布出去，或对网络中各种数据进行有效管理，并实现用户与网络数据库进行实时动态数据信息交互。

网络数据库服务模式在互联网上存在大量的应用，从最初的网站留言簿、自由论坛到综合文献数据库（如重庆维普数据库、报刊索引数据库）、复杂跨境电商数据库等，这些系统几乎都是采用网络数据库服务方式实现的。网络数据库服务系统的主要组成元素为：客户端、服务器端、连接客户端及服务器端的网络。

网络数据库服务的优势：用户无须在其客户端安装任何与所需存取或

操作数据库系统对应的客户端软件,只需要通过万维网浏览器便可完成对数据库数据的常用操作。因此,用户不必掌握复杂的数据库知识和数据库软件的使用方法,只需要掌握基本的网络操作,如填写、提交表单等就可以通过任何一台连接互联网的计算机访问数据库。网络数据库服务系统的这种特点使用户在业务运作推广应用中得到极大的便利。

(2)数据中心服务。数据中心(data center)是一整套复杂的设施,包括计算机系统和其他与之配套的通信和存储系统设备、冗余的数据通信连接、环境控制设备、监控设备以及各种安全装置,这些设备具有相同的环境要求以及物理安全需求。

数据中心可为用户提供安全、可靠、快速、全面的数据存放业务及其他增值服务。具体而言,可以为用户提供虚拟主机、域名注册、企业邮局、智能建站等基础业务以及服务器租赁、服务器托管、云服务器、增值服务等业务。提供数据中心服务业务的代表性企业有浦东数据中心、百度数据中心、广州钜汛公司等。

数据中心接入互联网可以采用多种方式。常用的接入方式包括:①采用专线接入。此种方式带宽大,对延时、安全性都非常好,但租用此专线价格较贵,特别适合银行、POS 机组网等需要较高安全系数的用户,对大型企业集团在子网站非常多的情况下也推荐采用此种方式。②采用宽带 ADSL 接入。此种方式优点是带宽大、费用经济;缺点是安全性较差、延时比专线接入稍大。③采用局域网共享上网方式接入。此种方式同 ADSL 接入类似,但注意接入时需做端口映射。④采用电话线拨号上网方式。此种方式接入宽带较窄,适合于点数较少,且数据量小的组网方式。⑤采用 GPRS 无线接入。此种方式在数据中心接一台 GPRSMODEM，通过数据中心的 PC 机拨号上网，优点是组网迅速且费用经济，缺点是带宽窄（GPRS 上行 10Kbps，下行 40Kbps）且延时大，这种方式在测试时用得比较多。

（3）大数据商业分析

大数据（bigdata）是一种规模大到在获取、存储、管理、分析方面大大超出传统数据库软件工具能力范围的数据集合，无法在一定时间范围内用常规软件工具进行捕捉、管理和处理。具有海量的数据规模、快速的数据流转、多样的数据类型和较低的价值密度四大特征。

从数据量来看，如今我们已步入大数据时代。对用户的行为习惯与喜好等数据进行有效挖掘，从纷繁复杂的数据里面寻找到更加吻合用户习惯与兴趣的信息产品与服务，并针对性地加以优化集成和交叉复用，从而达到帮助企业实现利润倍增的目的，这是大数据潜在价值所在。

用户可以应用大数据分析实现跨企业供应链流程分析和优化—从上游研发到制造和零售分销，多种复杂的流程可以在本地和全球层面进行整合。在分布式环境中将大数据分析和业务过程管理（BPM）整合起来的架构可帮助用户及时分析业务过程执行结果。

用户在分布式环境中进行大数据分析，可以利用云端基础设施扩展框架，利用数据仓库和分布式查询处理；操作系统可以收集、统一执行数据结果，并将其储存在合适的结构中供以后度量和分析时使用。用户可以通过操作系统监督业务过程执行情况，通过集成分析事件数据，更好地了解其业务绩效并改善其过程，进而提高企业的生产效率。另外，大数据商业分析还能帮助企业数据分析师对当前发生的事情进行评估，并预测将来过程实例的行为。

框架需要利用一个事件模型，具体了解应该监控、测量和分析什么。事件模型表示在业务过程执行期间发生的行动和事件。业务分析服务单元负责进行本地分析，GBAS 模块管理跨组织的相关性，集成整个系统中未确定的业务分析服务单元。不同企业利用大数据进行合作和数据分享，能够实时显著地促进相关业务分析信息的直观化。

大数据主要经由数据共享与交叉复用之后方能体现出其最大价值所在。在制造业供应链上，对网络环境下产生积累的庞大用户数据、完整的业务数据与实时的交易数据，经由大数据商业挖掘分析，然后把分析结果信息给有需求的企业，能够主动及时精确地满足用户需求。

三、信息内容集成服务的盈利模式

（一）信息订阅收费

信息订阅收费是通过提供高价值的信息服务内容让用户付费订阅从而获得一定收益的一种信息内容集成服务的盈利模式。信息订阅可以通过电子邮件、RSS、微信公众平台等方式实现。

只有提供高价值的信息内容，才能吸引用户主动订阅。那么什么才是高价值的内容呢？不同用户对高价值的定义各不相同。就制造业而言，不同企业的基础不同，不同生产领域的要求不同，其期望值也各不相同。因此，信息集成服务需要针对制造业不同领域的需求，集成提供时效性强、内容具有针对性和适用性的信息。

（二）商业分析与市场预测服务收费

随着跨境电商和社交媒体的不断普及以及企业合作兴趣的日益浓厚，商业数据呈爆炸式增长。然而，通常情况下企业不知道如何利用大数据帮助其进行育业决策，从而产生商机，使得从事大数据与商业分析的服务机构获得潜在的巨大盈利空间。强大的分析技术可以为企业提供新见解，并通过刺激对更好的技术和工具的兴趣及需求，利用大数据与业务分析的方法形成良性循环，从而帮助企业处理复杂的决策问题。

对企业而言，针对大数据的商业分析服务，在探索产品新的性能需求时，能提供足够多的价值来证明其自身的延续性。大数据在分析非结构化信息用户反馈数据时，可以通过预测算法来预测用户操作，帮助用户实现预期结果从而获利。

（三）数据中心托管服务收费

互联网基础设施服务商通过建立包括规划咨询、设计、建设项目管理、验收、优化改造、运维及监控在内的覆盖数据中心全生命周期的服务体系，为用户提供绿色数据中心托管服务，并收取相应的服务费。

例如，世纪互联（www.ch.21vianet.com）在全国多个城市拥有高标准的专业化数据中心，可以为客户提供全网解决方案，提供基础数据中心的各项服务。

参考文献

[1] 黄敏芳.跨境电子商务物流模式创新与发展研究[J].中国储运,2023(11):148-149.

[2] 韦融慧.RCEP背景下中国跨境电商创新发展路径研究：以广西崇左跨境电子商务综合试验区为例[J].现代营销(上旬刊),2023(01):112-114.

[3] 何佳蓉.我国跨境电子商务面临的挑战与创新发展[J].辽宁行政学院学报,2022(04):60-64.

[4] 杨沙,阳丽芳.我国跨境电子商务创新发展策略研究[J].对外经贸,2021(09):28-30.

[5] 黎新伍,叶晗堃.跨境电子商务运营与管理[M].南京：南京大学出版社,2021.

[6] 李文君.跨境电子商务物流模式创新与发展趋势研究[J].商场现代化,2021(11):38-40.

[7] 曲维玺,王惠敏.中国跨境电子商务发展态势及创新发展策略研究[J].国际贸易,2021(03):4-10.

[8] 陈东升.桂越边境口岸地区跨境电子商务创新发展模式探究[J].北部湾大学学报,2021,36(01):76-80.

[9] 林震,苏千禹.基于跨境电子商务物流模式的创新与发展趋势研究[J].

中国物流与采购,2020(24):44.

[10] 肖亮.卓越流通[M].杭州：浙江工商大学出版社，2020.

[11] 边丽娜.新时代背景下推进河北省跨境电子商务创新发展研究[J].经济论坛,2020(09):68-74.

[12] 张利.跨境电子商务[M].重庆：重庆大学出版社，2020.

[13] 于斐.扬州跨境电子商务园区创新发展问题与路径研究[J].知识经济,2020(09):37-39.

[14] 李冠艺,陈明,杨向阳.跨境电子商务理论与实务[M].南京：南京大学出版社,2019.

[15] 李杰,刘淑静,高伟.河北省跨境电子商务产业创新发展研究[J].全国流通经济,2019(32):15-17.

[16] 王文然,司凯.跨境电子商务支持徐州机械制造业创新发展路径研究[J].现代商业,2019(27):28-30.

[17] 白东蕊,岳云康,成保梅,等.电子商务概论[M].北京：人民邮电出版社，2019.

[18] 刘峻兵,邓惠惠,陈冠宇.茂名市协同创新推动跨境电商发展模式研究[J].清远职业技术学院学报,2019,12(04):53-57.

[19] 孙琪.中国跨境电商保税仓物流服务质量研究[M].杭州：浙江大学出版社，2019.

[20] 樊奇.跨境电子商务助推区域经济创新发展的实证研究：以江苏省太仓市为例[J].江苏科技信息,2019,36(15):1-3.

[21] 张颜.基于一带一路战略的跨境电子商务创新发展策略[J].现代商

业,2019(09):37-38.

[22] 祝海南.跨境电子商务物流模式创新发展研究[J].中外企业家,2019(03):67.

[23] 张蓓.跨境电子商务物流模式创新与发展研究[J].现代经济信息,2018(17):317.

[24] 姜作鹏,贾绪红,程剑.跨境电子商务视角下茶叶经济贸易的创新发展研究[J].福建茶叶,2018,40(08):37.

[25] 宋晓舒.跨境电子商务平台创新发展对策研究[J].中国经贸导刊(中),2018(20):7-11.

[26] 蔡葵,李永超,冯雷,等.电子商务概论[M].南京:南京大学出版社,2018.

[27] 白东蕊,岳云康.电子商务概论[M].北京：人民邮电出版社,2016.